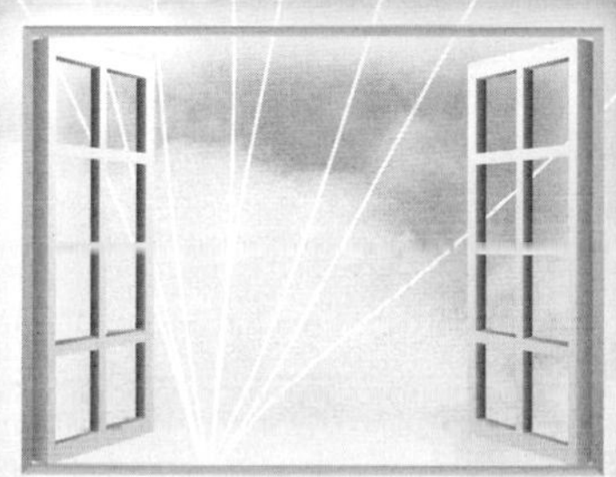

寬恕的勇氣

寬恕的八把金鑰

8 Keys to Forgiveness

Robert Enright 著
王千倖 譯

8 KEYS TO FORGIVENESS

ROBERT ENRIGHT

目次 contents

作者簡介

Robert Enright, PhD

擁有心理師證照，且為美國威斯康辛大學麥迪遜校區（University of Wisconsin-Madison, U.S.）教育心理系教授，也是國際寬恕學會（International Forgiveness Institute）創始成員之一，自1985年起即領導寬恕及其相關影響的科學研究。

譯者簡介

王千倖

國立彰化師範大學教育研究所教授

2015-2016　傅爾布萊特（Fulbright）訪問學者

2015-2016　美國威斯康辛大學麥迪遜校區（University of Wisconsin-Madison, U.S.）教育心理系訪問學者

2011-2012　加拿大英屬哥倫比亞大學唯真學院（Regent College, UBC, Canada）訪問學者

美國北科羅拉多大學（University of Northern Colorado, U.S.）博士

【譯作】

我的力量泉源

瞭解青少年的心

贖回過往

重燃盼望：克服沮喪，戰勝憂鬱

（以上均為中國學園傳道會出版）

致

中西部家庭廣播（Mid-West Family Broadcasting）的

Thomas Walker 及 Walker 家族

感謝您們數十年來對國際寬恕學會及

威斯康辛大學麥迪遜校區的寬恕事業之支持。

您們的堅持、遠見和堅定的支持是十分驚人的。

感謝您們！

謝誌

《寬恕的勇氣：寬恕的八把金鑰》是團隊努力的成果。感謝Babette Rothschild提出邀請，使我得以成為這充滿吸引力的叢書作者之一。感謝W. W. Norton旗下才華洋溢的編輯團隊：Andrea Costella Dawson、Benjamin Yarling、Margaret Ryan和Kathryn Moyer，您們幫助我更深入地思考「寬恕」這個生命主題。Jacqueline Song，感謝您閱讀本書的手稿，並且和我討論手稿的內容，使文章思路更明確清晰，您的付出是無價的。國際寬恕學會負責人Dennis Blang，您致力在國際間推廣寬恕，為此我必須深摯地獻上感謝。威斯康辛大學麥迪遜校區的學術氛圍促使寬恕成為社會科學研究主題之一的沃土。致我美好的家人，感謝您們無私的支持：Shawn、Anna、Peter、Joseph、Kevin、Maria和Jerome。

序

每當我向同為佛教徒的好友訴苦，無論令我苦惱的是誰、我所抱怨的是誰，她通常很快就會問我一句：「你是否已經寬恕⋯⋯」。老實說，我有時會因此而惱怒。基本上，我並不反對寬恕，只是在我能夠寬恕某人之前，通常我需要先深入探索自己有多憤怒、煩亂、挫折和痛心。而且，說真的，若真讓我自己選擇，我想保留**不**寬恕的權利。但是，我不得不承認，我這位熱衷於寬恕的好友，確實活得比我更無憂無慮。她似乎不太會因一些我也許會感到惱怒或羞辱的行為而煩心，她的睡眠品質也比我好。我不禁納悶，是什麼可以讓她這麼快就寬恕得罪她的人？

第十版的*Merriam-Webster's Collegiate Dictionary*，關於「寬大的」（forgiving）的定義是「容許犯錯或軟弱」；「寬恕」（to forgive）的定義是「終止怨恨」。清楚區分「寬恕」和「容忍」，或是「寬恕」和「遺忘所受的傷害」之間的差異，是Enright寬恕理論的重要關鍵。我同意Enright的主張，這些概念確實有所差異。寬恕承認人性的脆弱，亦即每個人都可能（而且確實會）傷害其他人。但我們不能因此容忍傷害的行為，或以此作為藉口；作惡之人也不能因此逃避責任和補償。

通常寬恕對於受創者有較多的益處。怨恨和苦毒確實會使我們的身體和心智受到更深的傷害，這是為何Enright會極力主張寬恕能夠挽救你的生命。不受怨恨和苦毒攪擾的心智是祥和的，身體所承受的壓力也會因而減輕。我們都知道，減輕壓力可促進血壓、心臟、免疫系統和更多身體機能的健康。相較於傷你之人的益處，寬恕更多是為了你自己的健康。

你之所以選擇閱讀本書，也許是因你生命中存在著一個或更多的寬恕兩難困境。某人或某些人傷害了你，你不僅是受到創傷，還會因無法判斷究竟該寬恕或不寬恕，而繼續承受痛苦。你的心思意念也許被這些兩難困境所占據；又或者你會經常想到這些兩難困境，同時疑惑，寬恕是否代表著替冒犯你之人解套，使其得以卸責；寬恕是會讓你自己覺得更好，還是更糟。還有另一種可能性是，你就是犯錯的那一方，你希望獲得對方的寬恕，或者是尋求自我寬恕。以上所提的都是令人痛苦的處境。這本書幫助你以新的觀點思考這些兩難困境，也為你現在和未來的困難抉擇提供許多可使用的工具。

本書並非從宗教的觀點闡述寬恕。坊間已經有許多以宗教的觀點論述寬恕的書籍。本書的內容是從非宗教的觀點，闡述寬恕能夠帶給每個人的益處，無論其宗教或文化背景為何。如同生命中許多其他的事物，「寬恕與否」是個人的選擇，是個人依據不同的處境所做出的決定。每個人或多或少都會為「是否寬恕」而有所掙扎：這是個道德問題嗎？是靈性的問題嗎？是關乎健康的問題嗎？還是人性的問題？選擇寬恕，或是選擇不寬恕，其後果——益處和風險——為何？針對這些主題，Enright 在本書中有更深入的探討。本書非常淺顯易懂，讀者們會發現，書中所提供的資訊和練習對於探討寬恕的議題——無論是一般性或是針對特殊的情況——都十分有用。

寬恕是當前網路上的熱門話題，只要搜尋這個主題，就會出現上千個網站，其中大部分具有宗教性質，但也有些是不具宗教性質。這些網站涵蓋許多探討特定問題的次主題，例如：

我如何為丈夫說謊而寬恕他？
我如何為過去的錯誤寬恕我自己？
我如何寬恕繼續傷害我的人？

我如何寬恕欺騙我的男友？

如何寬恕虐童者？

……諸如此類……

總之，人們不僅因為傷害的行為承受苦難，他們也因其後續影響而受折磨。從那些在網路上尋求答案的人身上可以知道，他們不僅因曾受的傷害而持續受苦，也因他們沒有能力或拒絕寬恕而受苦。

「寬恕或不寬恕？」才是真正的核心問題。Simon Wiesenthal 是納粹集中營的倖存者，他在二戰結束之後以納粹獵人（Nazi Hunter）而聞名。他在 1969 年出版一本極為著名的書，書名為 *The Sunflower: On the Possibilities and Limits of Forgiveness*，他在書中提出「寬恕或不寬恕？」這個問題。Wiesenthal 在書中詳述其在納粹集中營的經歷，那些事件讓他對寬恕在人際關係中所扮演的角色有所疑惑。身為集中營的囚犯，Wiesenthal 被指派到集中營附近的醫院工作時，曾被叫到一個瀕死的納粹軍官身邊。對 Wiesenthal 而言，那是一個非常獨特的經驗。因為住在集中營的猶太人是不能進醫院的，所以，護士偷偷地將他帶入那個納粹軍官的病房。那個病房就像是個死了人的房間；毫無疑問地，那個納粹軍官所剩的時間不多了。對身為集中營囚犯的他而言，這種召喚是十分不尋常的。更不尋常的是，這個瀕死的納粹軍官竟盼望 Wiesenthal 扮演聽他告解的神父，他向 Wiesenthal 述說自己所做過種種最惡劣的事，最後，納粹軍官乞求 Wiesenthal 為他可怕的納粹罪行寬恕他。他希望自己能「安詳地離開人世」，然而，深感愧疚的內心使他無法平靜地安詳離世。

Wiesenthal 因這沉重的請求而感到痛苦，他未給予寬恕就離開病房。Wiesenthal 的抉擇並不是那麼簡單就結束，因為無論醒著或是在夢中，那個納粹軍官的請求都纏繞著他不放。他和集中營的摯友們討論這個問題，但他們無法體會他心中的衝突。他們確信，他做出的決定是正確的，他本來就不該寬恕那個納粹軍官，如果他當時寬恕那個軍官，那才是大錯特錯。

儘管身上滿載疾病和飢餓，Wiesenthal仍奇蹟般地存活下來，但他的摯友們卻未能如此幸運。在被釋放之前，Wiesenthal有一些時間和一名想成為神父的獄友談及此事。與之前的那些摯友不同的是，這個年輕獄友並不那麼肯定Wiesenthal的決定是正確的。這個想成為神父的年輕獄友認為，你只能寬恕對你自己不公之人，但你無法寬恕對他人不公之人。他同時認為，那個納粹軍官是因無法向那些已被他殺害之人尋求寬恕，才會向Wiesenthal尋求象徵性的寬恕。這個近乎神父的年輕人相信，那個納粹軍官確實展現悔意，所以，他認為應該給予他寬恕。

在這一小段回憶錄的最後，Wiesenthal提出他的問題，他沒有給予那個納粹軍官寬恕，是對的嗎？這個問題一直困擾著他，他請讀者們問自己：「我會怎麼做？」Wiesenthal 也向一些名人提出同樣的問題，包括達賴喇嘛。那本書其餘的內容就是收錄那些名人們針對該問題的回答。我邀請你，在閱讀本書之前，先思考你會如何回答「我會怎麼做？」這個問題，並於閱讀完本書之後，再重新回答這個問題。

透過本書的內容，Enright 會幫助你釐清，寬恕為何對你的生命是重要的，以及成為一個更能寬恕的人會帶給你何等的益處。他會提供紮實的數據，證實寬恕之於情緒和身體健康的益處。他也會提供你面對難以寬恕的兩難困境的策略。對我而言，首要且是最重要的，他會幫助你寬恕自己。

Babette Rothschild
叢書主編

譯者序

近年來校園霸凌事件頻傳，青少年霸凌手段也日趨殘酷，令人難以理解，是什麼讓青少年單純的心變得如此複雜？諸多相關研究指出，極高比例的霸凌者都曾被霸凌，他們是一群帶著創傷成長的受害者兼加害者。前此之際，又發生了撼動社會、引發大眾心理恐慌的北捷隨機殺人事件。依據新聞報導，兇手鄭捷小學時即萌生殺人的意念，不禁令人想問：「他心中有多深的創傷與仇恨？是誰傷了他？我們當中又有多少人是帶著創傷成長？」

幾年前執行教師生命故事研究，訪談過程中發現，教師因原生家庭、婚姻、友誼和職場人際關係所受的創傷，承受極深的痛苦。有些教師強忍著淚水試圖隱藏受創的心，有些因觸及太深而情緒潰堤，淚灑訪談現場。身為訪談者，我深刻感受到教師們心中的痛，但對於他們創傷的療癒卻無能為力。研究結束了，心中揮不去的卻是一顆顆受創、破碎和痛苦的心。

創傷不僅發生在個人人際關係之中，也存在於族群、國家關係與宗教之中。其所衍生的仇恨，不僅世代相傳，且會引發更殘酷的血腥衝突與屠殺事件。想想台灣近幾年的選舉，二二八事件總是會被再度挑起。撇開政治操弄不談，事件發生年代雖已久遠，但受害者家屬心中的痛與恨卻是世代相傳。又如南京大屠殺的歷史事件，在中國人心中所留下的仇日心態，迄今仍未止息，使中國與日本之間緊張關係猶如未爆彈。不同宗教間的衝突所引發的血腥屠殺事件也是時有所聞，例如：印度的錫克教徒與印度教徒間的血腥衝突，以及近年愈演愈烈的伊斯蘭國恐怖行動。

因不公或不義行為所造成的創傷，不僅使受害者及其家屬承受極深的痛苦，也可能使其背負仇恨而活，進而扭曲其人性，產生更殘酷的不義行為，使人陷入永無止境的痛苦與復仇循環。誠如另一起隨機殺人事件的受害者小燈泡的母親所言：瞭解犯罪者生命發展過程中所遭遇的問題，以及導致其走向犯罪一途的可能因素，才可能預防隨機殺人事件的悲劇，使人免於活在未知恐懼之中。換言之，即使犯罪者伏法也無法終止不義行為的再發生，唯有使「被扭曲的人性」回到初始的狀態，使受害者及其家屬情緒創傷獲得療癒，才能使社會更健康，讓人們真正免於恐懼。

本書作者 Dr. Enright 指出，「寬恕」是恢復人性、使人獲得情緒療癒、活得更健康的有效途徑。在本書的第一章中，他以一系列的科學研究成果說明與證實，寬恕之於改善、維繫與促進受創傷者身心健康的重要性。「寬恕」的核心是體悟：每個人都擁有與生俱來的價值——特別、獨一無二且無可取代；個人與生俱來的價值並不會因為個人的行為或境遇而有所減損；愛是構成人性的基本元素，每個人都需要被愛，也需要對他人付出愛，每個人也都擁有接受愛和給予愛的能力。「寬恕」幫助受創傷者藉由探索「身為人，我是誰？」（Who am I as a person?），看見自己與生俱來的價值，重建因他人不義行為而損毀的自尊，堅拒對不義行為的合理化，並且溫柔而勇敢地起身抗拒，尋求正義。「寬恕」幫助受創者從個人、人類與永恆的觀點（personal, global, and eternal perspectives）重新認識生而為人的加害者（Who is she/he as a person），以更清晰的眼光看見隱藏於加害者不義行為背後所承受的創傷，以及加害者生而有之的獨特價值；對其所承受的痛苦感同身受，選擇放棄自己心中的苦毒、怨恨及具殺傷力的憤怒，願意為恢復加害者的人性而寬恕對方，期盼加害者被扭曲的人性能因而得以恢復。在此同時，寬恕者自身也因而重獲接受愛與給予愛的能力，使自己被扭曲的人性得以復原。

Dr. Enright 以鍛鍊體魄的健身概念比喻寬恕歷程，強調唯有持之以恆，每日勤加練習，才能使自己成為一個寬恕之人，保護自己不被他人的不義所擊潰。寬恕是漫漫長路，在旅程中難免會遭遇停滯期，甚至會出現如同逆水行舟般「不進則退」的現象，Dr. Enright 提醒讀者們，此時更需要以柔軟的心善待自己（be gentle to yourself），給自己喘息的時間，別為了「快速」達到寬恕的目標而傷害自己，使自己淪為自己不義行為（未能善待自己）的受害者。

Dr. Enright 強調，寬恕不是為了自己的益處，而是為了「傷我們之人」的益處，是你我都需要學習與操練的美德。寬恕的弔詭之處是，當我們為了「傷我們之人」的益處而寬恕時，獲益最大的卻是我們自己；不僅受創的情緒獲得療癒，活得更健康，而且我們會擁有更清晰的眼光得以分辨「義」與「不義」，具備更大的勇氣與內在力量，為正義奮鬥，成為一個更有德行的人。因為寬恕與正義必須攜手並行，缺一不可。

使犯罪者伏法並不足以防範不義行為所衍生的悲劇重演，也無法使真正的正義獲得伸張。唯有關注加害者、受害者及受害者家屬所承受的創傷，使其人性不因不義行為而遭到扭曲，才能真正終止不義的惡性循環。寬恕是使加害者、受害者及受害者家屬的人性免於受到殘害的保護網，是使他們的創傷獲得療癒的有效途徑，也能讓社會大眾享有真正的正義，活出真正自由美好的生命，而不是活在苦毒、怨恨與復仇的心牢，淪為「不義」的囚犯。唯願每一位閱讀本書的讀者，都能因寬恕而蒙受祝福，並且成為他人的祝福。

最後，感謝所有在翻譯本書過程中提供協助的人：Dr. Enright、Jennifer Tappa、Daniel Ross，以及溫盛豪。同時感謝心理出版社出版此書，願此書帶給心理出版社更大的祝福。

王千倖

Madison, Wisconsin

金鑰 1

瞭解寬恕的重要性及寬恕的真義

寬恕是你放在傷你之人門口的一份無聲的禮物。有些人從未開門接受這份禮物；但對於那些開門接受禮物的人，你給予他們再次享受美好生命的機會。而且無論對方是否選擇接受，你若寬恕，就是給自己再次享受美好生命的機會。

寬恕可以挽救你的生命。我們都不想浪費時間，因此，當我們需要被醫治時，對症下藥才是明智之舉。我若不確信寬恕的重要性，就不會花三十年的時間研究「寬恕」這個主題。有時生命的打擊是如此地嚴峻，以致於在尋求療癒時，我們的選擇限縮了，而寬恕是我所見過對於深度創傷最具療效的處方。本章的主要目的就是與你分享我對寬恕的洞察，使你能有信心地運用其他七把金鑰，為自己的健康幸福踏上正確的道路。

彰顯寬恕為何重要及何等重要的個案

Kenneth 在另一個城市得到夢想中的工作，但他卻因憂鬱和沮喪而無力打包行李，為離開作準備。Kenneth 在童年時，長期忍受母親 Carmen 的嚴厲批評，使得他們之間的母子關係早已蕩然無存。近來，Carmen 試圖修復母子關係，因為Kenneth已經長大成人，她無須再承擔養育的壓力。然而，僅僅只是「和母親見面」這個想法，就會激怒 Kenneth。

Kenneth 為此感到精疲力竭，他爭辯：「我絕對不要去見她。她剝奪了我的童年！」Kenneth 一方面覺得自己被母親的嚴厲批評徹底擊潰，另一方面，在內心深處，他卻又為所有的親子衝突責怪自己。一次又一次地，Kenneth疑惑地自問：「我當時做錯了什麼？我可以有什麼不同的作為？」這些自我控訴在他腦中盤旋，使他無法專注心力為離去打包行李。

猜猜看，Kenneth開始對誰感到極端厭惡？答案是，**他自己**。Kenneth的自我內在對話總是圍繞在**他的**能力不足、**他的**失敗，以及**他**似乎沒有被愛的能力。他不喜歡這樣的自己。換言之，Kenneth成為另一個嚴厲批評自己的人。

你也許能夠，或者可能無法理解Kenneth的具體感受。但你很可能聽過自己心中自我控訴的聲音——關於你的失敗和惡行的聲音在你心中纏繞。自我控訴似乎是人類共通的經驗，只要稍不留意，這種批評性的內在自我對話就會成為我們生命的一部分。自我控訴有時會比最初的不義之行（injustices）對我們造成更深的傷害。在這種情況下，「不義」獲得雙重的勝利：行為本身所導致的傷害，以及我們生活的各個層面皆被傷害所衍生的後續效應所宰制。

Kenneth在治療初期曾表示，他永遠無法寬恕母親多年前對他的殘酷批評，因為那實在是太沉重了。「永遠無法寬恕母親」的宣告，不是藐視「寬恕治療」（forgiveness therapy），而是提出一個善意的預警：寬恕治療也許對他無效。Kenneth之所以這麼說，更多是出於體貼治療師，而非為了他自己，這樣萬一治療失敗了，治療師才不會覺得太糟。

Kenneth一開始是抱著悲觀的態度，但他仍繼續探索「寬恕」——正如我們會在本章所做的一樣。他也拿起其餘的金鑰，開啟每一扇寬恕之門。在療程結束時，Kenneth不僅寬恕他的母親，且同意和母親見面。他同時提醒自己要以真誠和開放的心，聆聽母親想說的話。

Kenneth在治療初期有相當程度的憂鬱症，如今他的憂鬱症消失了。憂鬱症有時是一種周而復始的循環，但Kenneth在療程結束之後又經過四個月，其憂鬱症都未曾再復發。

母親的嚴厲批評所造成的傷害已經得著醫治，生活也因而重回正軌。如今Kenneth更能欣賞自己，也重新燃起對生活的熱情與活力，他**真的**打包了行李，離開家鄉，朝他夢想的工作前進。

寬恕之所以重要的主要原因是：寬恕可以破除你所深信的所有漫天大謊——**你對自己的種種控訴**。你**沒有**被他人的不義行為所擊潰，你**可以**戰勝沮喪，你**可以**終止自我控訴和自我論斷的內在對話，你真的可以**破除**自我貶抑的思想，開始重新喜歡自己的真實本相。寬恕可以醫治你，使你能夠帶著更重要的生命意義和目的繼續前進。寬恕很重要……而且**你**將會是寬恕的受惠者。

現在，讓我們以第一把金鑰，開啟第一扇門，更深入地檢視證實寬恕之重要性的證據。

寬恕是何等地重要：科學證據

我們將從我自 1989 年起所蒐集的科學研究結果開始討論，你將會看見，寬恕他人的實際行動對寬恕者心理上所產生的顯著益處。

減少心因性憂鬱症

Suzanne Freedman和我曾進行一個科學研究，幫助女性亂倫倖存者寬恕她們的加害者。接下來的討論會幫助你瞭解，我們並非鼓勵她們與加害者言歸於好。這些女性接受為期十四個月的寬恕療程，這個療程包括：承認她們自己的憤怒和憂傷、委身於寬恕加害者的歷程、嘗試盡可能地深入理解加害者（我們會在金鑰 4 繼續探討這個主題）、試著盡可能地瞭解加害者受到多深的傷害（這並不是要縱容加害者，或為其辯解，而是對其有更全面的洞察）、盡可能地培養對加害者的憐憫心，以及從她們所承受的苦難中發現新意義（金鑰 6）。經過十四個月的療程，這些女性所獲得的治療效果與Kenneth的相似，她們原本罹患的憂鬱症消失了。在療程結束之後，經過至少十四個月，我們再次檢測她們的憂鬱程度，那些症狀確實消失了。寬恕治好她們的憂鬱症[1]。

儘管有這個正面的結果，我們並未因此就認為，每個嘗試寬恕的人在抵達寬恕之旅的終點時，其憂鬱症都能獲得痊癒。我們認為寬恕治療的效果會因人而異。但是，對那些即使僅獲得少許症狀減輕的人而言，單是這一點點的改善，都比因未曾嘗試寬恕而使憂鬱程度未能獲得減輕來得好。

降低焦慮

我們都知道焦慮是何等地令人深感不安、無法放鬆和難以專注，我們的身體也可能會因此肌肉緊繃，進而感到痠痛與疲憊。我的研究團隊和我，曾在毒癮戒治所幫助戒毒者寬恕曾經苛刻對待他們的人。我們發現，寬恕不僅降低他們的焦慮程度，甚至還能使他們回到正常水平。寬恕的操練有助於恢復他們的健康情緒，這些操練包括本書金鑰 3 至金鑰 8 所討論的問題。在寬恕治療結束之後經過四個月，我們再次檢測這些戒毒者的情緒狀態，結果顯示，他們依然維持健康的情緒狀態[2]。我們在其他研究也看到這類焦慮減輕的效果，例如：前述女性亂倫倖存者的研究，以及學校適應不良之青少年的研究，我們都看到同樣的結果。

---

1 Freedman, S. R., & Enright, R. D. (1996). Forgiveness as an intervention goal with incest survivors. *Journal of Consulting and Clinical Psychology, 64*(5), 983-992. http://dx.doi.org/10.1037/0022-006X.64.5.983

2 Lin, W. F., Mack, D., Enright, R. D., Krahn, D., & Baskin, T. (2004). Effects of forgiveness therapy on anger, mood, and vulnerability to substance use among inpatient substance-dependent clients. *Journal of Consulting and Clinical Psychology*, *72*(6), 1114-1121. http://dx.doi.org/10.1037/0022-006X.72.6.1114; PMid:15612857

減少不健康的憤怒

並非所有的憤怒都是不健康的。因受到不公平的待遇而感到憤怒是人的正常反應，畢竟，他人應該尊重我們，如同我們尊重他們一般。在這種情況下，憤怒是讓其他人瞭解我們所擁有的自我價值感，以及我們對公平待遇的期待。但是，還有另外一種憤怒是不健康的，這種憤怒會常駐我們心中，且不易減少或消除。這種憤怒會使我們感到不舒服、不快樂，甚至會因而出現不當攻擊他人的行為。這種憤怒最終會引發情緒併發症，譬如憂鬱症。不健康的憤怒也會導致生理的併發症，包括疲憊，進而導致缺乏運動力、體重增加，甚至會危及我們的心臟機能。

我們這幾年的研究結果都一致顯示，當人們願意且能夠完成寬恕歷程時，他們的憤怒就會減少。在之前提過的毒癮戒治所的研究中，我們看到寬恕使戒毒者的不健康憤怒程度顯著降低。事實上，在寬恕療程結束之後，以及後續的追蹤檢測都顯示，他們的憤怒已降至正常水平。在寬恕治療之前，他們會因為內心極深的憤怒而酗酒與濫用藥物，藉以麻痺因遭受虐待而導致的內在痛苦與憤怒。

我的研究團隊和我也曾發表過一篇研究論文，該研究的結果顯示，寬恕不僅可以降低憤怒，也能改善因憤怒而受損的心臟機能。該研究是以醫院心臟科的男病患為研究參與者。這些病患當然都有心臟方面的問題，但他們之所以被選為研究參與者，是因為他們對於曾待他們不公的人仍懷有相當大的憤怒。他們至少有一個憤怒的對象。在寬恕治療之前，當他們敘說自己因不公平待遇而受創的故事時，流經心臟的血液會減少；接受寬恕治療之後，當他們再次敘說同一個故事時，流經心臟的血液並未減少。該院心臟病學主任告訴我們，我們已經幫助這些患者降低胸痛和猝死的可能性[3]。在當時，該研究是全球文獻中，唯一證實操練寬恕能使身體主要器官獲得改善的研究報告。心臟的機能並未因寬恕治療而完全復原，但是寬恕治療確實對已受損之心臟系統發揮輔助作用。

還有另一個例子，也可證實寬恕在降低憤怒程度上的重要性。自 2002 年起，我和我的研究團隊就與美國及歐洲地區的學校教師合作，我們在一年級、三年級、五年級及中學的班級中進行寬恕教育。研究場域是美國威斯康辛州 Milwaukee 市中心的學校，以及北愛爾蘭 Belfast 的學校。參與研究的教師們藉由故事（例如：Seuss 博士的繪本 *Horton Hears a Who*）進行寬恕教育。每個星期只有一小時的課程，為期八到十七週不等（因應學生年紀的不同而有所差異）。研究結果顯示，學生們的憤怒程度，從不健康的程度降至正常水平。換言之，寬恕有助於恢復這些兒童和青少年的情緒健康[4]。

減少創傷後壓力症候群的症狀

創傷後壓力症候群是極具挑戰性的問題，它會在個人生命遭逢艱困事件之後持續很長的時間。創傷後壓力症候群的症狀包括：反覆出現關於遭受極不公平待遇情境的痛苦想法；夢見所發生的事；憶及所發生的事時，會感到強烈的痛苦。Gayle Reed和我發表過一篇研究，該研究是以曾被情緒虐待的女性為研究參與者。這些女性研究參與者接受寬恕治療之後，她們

3 Waltman, M. A., Russell, D. C., Coyle, C. T., Enright, R. D., Holter, A. C., & Swoboda, C. (2009). The effects of a forgiveness intervention on patients with coronary artery disease. *Psychology and Health, 24*, 11-27. http://dx.doi.org/10.1080/08870440801975127; PMid:20186637

4 Enright, R. D., Knutson, J. A., Holter, A. C., Baskin, T., & Knutson, C. (2007). Waging peace through forgiveness in Belfast, Northern Ireland II: Educational programs for mental health improvement of children. *Journal of Research in Education*, Fall, 63-78; Holter, A. C., Magnuson, C., Knutson, C., Knutson Enright, J. A., & Enright, R. D. (2008). The forgiving child: The impact of forgiveness education on excessive anger for elementary-aged children in Milwaukee's central city. *Journal of Research in Education, 18*, 82-93.

的創傷後壓力症候群的症狀顯著減少。而且在療程結束之後經過八個月，她們的症狀仍顯著地減少[5]。

提昇生活品質

所謂的**生活品質**是指，個人在目前生活中所感受到的整體性舒適感、滿足感和幸福感。生活品質的層面涵蓋：身體的健康和體力、個人面對生活挑戰的心理調適、個人生命意義的實現，以及個人在生活中感受到重要他人的支持之多寡。對於那些花時間完成寬恕歷程的人們，寬恕有助於提昇他們的生活品質。舉一個極具戲劇性的實例，Mary Hansen 和我幫助癌末病人在短短的四週內，寬恕那些曾經傷害他們的人。能在這麼短的時間內完成寬恕旅程並不常見，但在這個案例中，這些病人瞭解自己即將離開人世，感受到自己的精力正逐漸消失，因此，他們集中心力寬恕那些仍令他們感到憤怒的家人。他們當中有些人緊緊抓住這種不健康的憤怒已經好幾十年。

寬恕曾經對他們極為不公的人之後，這些勇敢的病人表示，他們的整體生活品質，包括身體的感覺，都獲得顯著的改善。他們甚至說，自己的人生目的變得更清晰了，因為在臨終前所給予的寬恕，讓他們得以留給家人更多的平靜與祥和。我們清楚看見，在那四週中，他們的身體狀況持續惡化，但他們的整體幸福感，也就是他們所謂的生活品質卻持續提昇。寬恕幫助這些病人安詳地離開人世[6]。

---

5 Reed, G., & Enright, R. D. (2006). The effects of forgiveness therapy on depression, anxiety, and post-traumatic stress for women after spousal emotional abuse. *Journal of Consulting and Clinical Psychology, 74*, 920-929. http://dx.doi.org/10.1037/0022-006X.74.5.920; PMid:17032096

6 Hansen, M. J., Enright, R. D., Baskin, T. W., & Klatt, J. (2009). A palliative care intervention in forgiveness therapy for elderly terminally-ill cancer patients. *Journal of Palliative Care, 25*, 51-60. PMid:19445342

提昇專注力

當內心世界受到攪擾時，我們會專注於心中的混亂與痛苦，而無法關注其他的事物。你的腳踝若扭傷，當你的腿腳因走路而抽痛時，你怎麼可能還會關注其他的事物？同樣地，當我們緊緊抓住因他人的不公而導致的傷害時，我們情感和認知就會受到束縛。我的研究團隊和我，曾針對因缺乏專注力而導致學業不佳的中學生進行研究。研究發現，寬恕有助於改善他們的專注力。這個研究是由Maria Gambaro主導，邀請一所中學的老師依據他們的觀察，篩選出該校因憤怒而無法專注學習，以致學業成績即將不及格的學生。我們使用心理量表，測量他們的憤怒程度和對生活的不滿意度，以確認我們的評估和老師們的判斷是一致的。

在完成寬恕諮商之後（諮商的過程和我們對亂倫倖存者的寬恕治療相似），這些學業成績幾乎無法及格的學生，他們的成績從 D（幾乎是不及格）提昇到C（代表他們現在的學業表現是中等）。寬恕幫助他們專注，更進一步地，專注幫助他們和學校同儕建立更好的關係。這個研究顯示，學習寬恕對那些學業成績幾乎要摔落谷底的學生發揮正向的助益。請注意，在這個研究中，我們採用對照組的研究設計，比較對照組和寬恕諮商組之間的差異。對照組接受一般的輔導諮商，不涉及任何寬恕的元素。對照組學生的憤怒程度並沒有降低，而且他們的學業成就表現仍舊維持在D等級。此研究顯示，寬恕諮商優於學校已沿用好幾十年的傳統諮商[7]。

7 Gambaro, M. E., Enright, R. D., Baskin, T. A., & Klatt, J. (2008). Can school-based forgiveness counseling improve conduct and academic achievement in academically at-risk adolescents? *Journal of Research in Education, 18*, 16-27.

促進合作、減少霸凌

Jong-Hyo Park 在韓國主導的一個研究計畫，與上述以中學生為研究參與者的美國研究類似，但 Jong-Hyo Park 的研究參與者，有些是來自少年監獄。研究結果顯示，當研究參與者學會如何寬恕，他們的攻擊行為和霸凌行為減少，也變得比較願意合作。為什麼呢？在寬恕治療之前，每個學生都曾受到他人無禮的對待，他們因而感到憤怒，而霸凌行為正是他們發洩怒氣的方式。他們曾遭受不公的待遇，因此他們也粗暴地對待他人——無辜的受害者，將自己的痛苦加諸在無辜的受害者身上。當他們能夠寬恕時，心中的不健康憤怒消失了，對他人的理解也更加敏銳[8]。霸凌者通常都曾被霸凌，他們會將自己心中因被霸凌而鬱積的憤怒發洩在他人身上。寬恕能夠終止這個惡性循環。

提昇自尊

我太常看到遭受不公平待遇的人，將他對其他人的憤怒轉變成對自己的憤怒，因而導致自我價值感低落，或是心理學家所謂的「自卑」。這就是我之前提過的，「關於自己的漫天大謊」的一部分，這種信念需要被改變。寬恕可以藉由揭示所有人與生俱來的價值，翻轉這種自我批評甚或自我厭惡的傾向。當一個人能夠以同情和理解寬恕他人，寬恕者也學會同情和理解自己。

當那些女性亂倫倖存者來找我們時，她們一點也不愛她們自己。我當時覺得，她們的自我批判態度是何等地「不公」，但如今我瞭解那是一種典

8 Park, J. H., Enright, R. D., Essex, M. J., Zahn-Waxler, C., & Klatt, J. S. (2013). Forgiveness intervention for female South Korean adolescent aggressive victims. *Journal of Applied Developmental Psychology, 20*, 393-402. http://dx.doi.org/10.1016/j.appdev.2013.06.001

型的反應。我覺得不公的理由是，她們每一個人都是令人髮指之罪行下的受害者，受害之後，她們竟然不約而同地忽視自己與生俱來的價值而自我厭憎。我很高興能告訴你們，經過寬恕治療之後，這些女性的自尊顯著地提昇，而且在治療結束之後經過十四個月，我們的追蹤檢測顯示，寬恕所產生的效果依然存在。我們在情緒受虐婦女的研究中，也觀察到相同的效果。她們在操練寬恕之後，皆能夠重新尊重和喜愛自己。

提醒 1 科學已經證實，寬恕能幫助你從生命的不公平境遇中，獲得情緒療癒。

寬恕為何重要：一些已觀察到的益處

接下來的論述是我藉由觀察所得的整體印象。我所觀察的對象是那些因寬恕他人而使生活獲得改善的人。簡言之，寬恕的益處遠超過科學研究所能「證實」。

寬恕保護你的內心世界

想想許多大城市目前的實際狀況：隨處可見令人膽戰心驚的警報系統；一樓的窗戶都有鐵窗；辦公室或教室的圍牆上都架設著鐵刺網。然而，這些試圖保護財產和人身安全的設施，沒有一種可以保護我們的內心世界。如果硬是要說它們具有保護作用的話，就如同保護財物一般，它們僅具警示功能，提醒人們：他們正身處在非常不安全的環境。這種無時不在、無處不在的警示會逐步蠶食我們心中的安全感，直到我們的內心滿懷焦慮和沮喪……可悲的是，這一切都未能為我們帶來**任何**安全感。

不同於天真地拆除家裡保全系統那樣的小事，寬恕會使你在操練仁慈（這不是今日常見的詞彙）過程中，悄悄地冒險去感受**內心**的安全感，並且體驗希望與愛。寬恕能保護我們的心。當我在本書中使用「仁慈」（mercy）這個不常見的詞彙時，我指的是，你能超越正義（給予對方所當得的），給予人們超過他們所當得的。舉例來說，在你不算富裕的時候，仍願賙濟窮人，這就是仁慈的行為。

即使外在環境充滿混亂，你的內心依然能夠擁有安全感，因為你知道如何對抗不義。而且，即使人們未以仁慈待你，你也能夠仁慈以對。寬恕有點像是人際關係和個人內心世界中的合氣道。當遭受攻擊時，給予對方寬恕也許會讓你看起來好像是被打倒了，但實際上，就像合氣道一樣，你是運用對方的攻擊瞬間，毫髮無傷地躲過攻擊，這常會使那些體驗你的「仁慈一合氣道」的人感到意外。寬恕保護你的內心世界免於遭受不義及其所導致的憤怒、怨恨和沮喪的攻擊。

恢復自我價值

長期蒙受不公平的待遇，有時會使我們喪失對自我價值和自己應受尊重的洞察力。操練寬恕讓我們明白，所有的人都應當受到尊重，即使是我們自己也當受到應有的尊重，因為我們和其他人一樣，都擁有與生俱來的價值。這樣的洞察幫助我們找回「我們的人性應受到尊重」的事實，使我們得以找到恢復自我價值的內在力量，重建早已隨時間逐漸消失的自我價值感。

提醒2 寬恕他人不但是對你自己情緒健康的一種保護，也是對你如何看待身為人的自己的一種保護。

練習一 寬恕為何重要之探究

讓我們在此暫停一下，並且探索本章的核心問題：寬恕對你重要嗎？到目前為止，你有何想法？截至目前為止，你有什麼證據支持你的觀點？請針對這些問題，與自己進行一小段的自我內在對話。請試著活用本章所提供的資訊以支持你的觀點。截至目前為止，你對本章的內容有哪些質疑？對於你自己所提出的質疑，你是否可以提出支持寬恕重要性的好理由作為反駁？在這場內在的自我辯論中，哪一方獲勝？針對深入思考其他關於寬恕之於我們所有人是何等重要的問題，你是否已準備就緒？

寬恕重建生活秩序

Lyllian 獨自撫養兩個孩子，她的母親因毒癮而偷走 Lyllian 用以撫養孩子的錢。她因此火冒三丈！此乃正常的反應。如今，Lyllian 得外兼一份工作，試圖賺回那些被偷的錢。沒有任何情感支持，只有一顆憤怒的心。Lyllian 沒有時間陪伴孩子，家裡也是亂七八糟。Lyllian看著自己的景況自忖：「我們湊在一起宛如一個家，但實際上卻是一片混亂！」這個混亂部分是源自於 Lyllian 受創且憤怒的心，即使是在孩子們和她說話時，她也沒有多餘的精力可以關心他們。Lyllian所經歷的不公平待遇奪走她的心，留下的痛苦與疲憊，遠超過兼兩份工作的痛苦與疲憊。缺乏寬恕導致 Lyllian 的失序行為，孩子們也因而受到影響，出現破壞性行為。

當然，我們不能極端地以為，寬恕會像一個小軍隊，神奇地幫忙燙衣服和擦亮靴子。我們現在談論的是，先有內在的祥和秩序，然後才會形諸於外，展現穩定的行為。當人們被怨恨和疲憊所擊垮時，就很難獲得這種穩定的秩序。寬恕有助於恢復我們的精力，使我們的頭腦冷靜，使我們能夠為自己和周遭的人營造一個更為有序的世界。人若能維持一個相對井然有序的生活，就代表他擁有寧靜安穩的心。

提醒 3　寬恕可以使你的思考、情感和行為更為井然有序。

寬恕可以預防身心機能失調

寬恕不僅可以幫助你清理內心和家庭的混亂，也可以幫助你預防身心機能失調的問題滲入你的生命。倘若 Lyllian 之前就已經知道寬恕，且已經在一些小事上操練寬恕，她如今就可以將這賦予生命力的歷程帶入她與母親之間的關係中。其結果可能會是，她從一開始就具備充沛的精力得以預防混亂在她的家庭蔓延。

寬恕有時可以阻止混亂和失序的發生。你曾有過這樣的想法嗎？寬恕是既堅強又溫柔，即使有人刻意挑釁你，想要擊潰你，寬恕能幫助你維繫井然有序的生活。

提醒 4　寬恕是如此地強而有力，故而它可以幫助你將身心機能失調減至最低程度。

寬恕可預防不義所衍生之更深的混亂

我的一位令人欽佩的同事，她正值青春期的女兒被綁架撕票。這個令人震驚的事件是如此惡毒，以致於這位母親的心開始受到侵蝕。她說，如果可以的話，她情願殺了那個綁匪。然而，她及時意識到，她整個人正被活在心中的仇恨和憎惡所毀……她不喜歡自己變成這個樣子。

這位母親差一點就成為那個綁匪的第二個受害者，她的情緒因壓力和窮兇惡極的撕票行為而受到摧毀。她想要報仇，再加上看到其餘家人也在怨恨中掙扎，因此，有一段時間，她罹患憂鬱症。這位母親經過數個月的努力，嘗試瞭解那個綁匪，並且開始對綁匪有一點點的寬恕之心之後，她心中漩渦般的負面情緒也隨之逐漸平息，生活也有了新的意義。她成為家中其他孩子獲益的管道，指引他們一條新路，這條新路是奠基於看似矛盾、其實不然的寬恕概念：寬恕那個曾經以極嚴重的不義對待其家庭的綁匪。孩子們能夠理解這條新的道路，也慢慢地將寬恕帶入他們自己的心中。這家人的心中開始發展出「服事他人」的生命意義和目的。

不同於其他受害者家庭，這個家庭並未被綁匪所摧毀，他們終究戰勝心中對綁匪的仇恨，以及因仇恨所導致的極具危險性的心理影響。這個母親領悟到，深刻的不義可以衍生出「殺人不見血」的後續傷害。所幸，這樣的事並未在她的家中發生。對寬恕的領悟，能夠幫助我們抵擋殘酷的混亂，即使是極嚴重的不義暢行無阻之際，我們依然能夠戰勝不義。這是極重要的深刻見解。不義將不再暢行無阻，因為耐心與極力的寬恕將迎戰毫無良善可言的不義。長遠來看，寬恕終將贏得勝利。

提醒 5 寬恕能幫助你抵擋最殘忍的不義，使其無法擊潰你。

練習二 複習前述的提醒

我們現在先停下腳步，做一些練習。書中的所有練習，都是為了維護你的內心，強化各個部位的寬恕肌肉，使你得以發展成為一個真正的寬恕者。請先複習前述的每一個「提醒」：

提醒 1：科學已經證實，寬恕能幫助你從生命的不公平境遇中，獲得情緒療癒。

提醒 2：寬恕他人不但是對你自己情緒健康的一種保護，也是對你如何看待身為人的自己的一種保護。

提醒 3：寬恕可以使你的思考、情感和行為更為井然有序。

提醒 4：寬恕是如此地強而有力，故而它可以幫助你將身心機能失調減至最低程度。

提醒 5：寬恕能幫助你抵擋最殘忍的不義，使其無法擊潰你。

現在審慎思考這個問題：這些陳述當中，你覺得哪些是錯的？或是你自認做不到的？如果你和其他人的想法一樣，那麼提醒 1 也許會令你感到些許的沮喪，因為你可能會認為，科學研究的結果並不適用於你的個別情況。情緒創傷會使你在其他方面可能體驗到的任何正向情緒變得模糊不清。我們現在要耐心地面對情緒創傷，不要試圖藉由改善情緒以獲得療癒。

提醒 2 可能會引發你的恐懼，至少會有一點恐懼。你可能會疑惑：「寬恕傷我之人，怎麼會是保護我自己，而不是包庇那個加害者呢？畢竟，如果我寬恕這個人，你們可能會以為我默許他對我所做的。那麼，這個人就會再次地佔我便宜！」我們很快就會明白，寬恕人**不是**默許不義。

提醒 3～5 甚至可能會令你有點沮喪，因為它們論及常態秩序、力量和追求良善……而你也許尚未擁有這樣的力量。但是，如果你開始慢慢地操練寬恕，這力量終究會出現。

我要在此另外說明，本書所討論的「美德」（good）和「良善」（goodness）是援引柏拉圖（Plato）的概念，指的是愛、公義、勇氣以及智慧，概括而言，就是品格的發展。愛的核心（就是希臘文的*agape*）並不屬於柏拉圖哲學的一部分，而是學者們歷經好幾個世紀，淬鍊柏拉圖和亞里斯多德（Aristotle）的原創思想發展而成的。

那麼，什麼是寬恕？

我們現在正位於寬恕旅程的關鍵之處，倘若你誤解寬恕的內涵，那麼你將會在我們同行的途中繞錯許多路。例如，在思考上述提醒時，你若以為寬恕就是對另一個人的要求讓步，你會不自禁地對寬恕對方心生恐懼，特別是當對方的要求是不合理的或具有傷害性時。在這種情況下，寬恕就變成是一種軟弱，是一種屈服。倘若你以為寬恕「只是繼續前進」，許多人也是這麼認為，但這並非正確的理解，因為你也許會滿懷怨恨地繼續前進，而難以在你心中產生希望、愛、力量和喜樂。怨恨會深入你的生命，進而殘害你的生命。所以，寬恕並非「只是繼續前進」。為了探究寬恕的真實內涵，我將先討論一般人對寬恕常存的誤解，再闡述寬恕的真義。

寬恕不是向對方說「我寬恕你」

基本上是否可將寬恕解釋為，一方說：「我寬恕你」，而另一方接受這寬恕呢？不！這不是寬恕。你可以說：「我寬恕你」，但內心深處仍懷藏著我們剛剛討論過的那種既深且久、足以殘害你生命的怨恨。如果寬恕是如此膚淺，寬恕就不是良善的一部分。寬恕不單只是關乎說了**什麼**，也關乎**心中的意念**。例如：若對方會因你的寬恕言語而動怒，你依然可以在自己心中真誠地寬恕對方，而無須以言語表達。

寬恕基本上不是關乎你自己

截至目前為止，我們都聚焦在你的情緒治療，我認為這是極為重要的，因為那可能是你閱讀本書的主要原因。如同我們檢視科學證據時所理解的，寬恕確實能使你經歷相當程度的情緒治療，並且給予你極大的盼望。但就本質而論，寬恕基本上並非關乎你自己，或是為你自己而做；寬恕是關乎以良善對待傷你之人。

當我們問：「寬恕基本上是為了我自己而做的嗎？」這個問題是聚焦在**寬恕的結果**，而非寬恕本身。在更深入探討之前，讓我們先區分清楚——「什麼是寬恕」及「當我們寬恕時，會發生什麼事」，因為基本上，寬恕所關切的是良善，而非追求私利。我們很快就會明白這個道理。

寬恕不會使你的情緒耗竭

我一直被問到：「若我一直寬恕那些傷我之人，我是否會筋疲力竭？」這個問題再次顯示，提問者認為寬恕會使人情緒耗竭，並且會傷害人，而非以良善為核心。倘若寬恕會使你被榨乾或情緒耗竭，寬恕就不是良善的。事實上，在這世上確實存在著虛假的寬恕，例如：想藉由寬恕以表現出良善和寬容的形象。若寬恕是出自於驕傲，寬恕者就不會戮力嘗試去深入探索行不義之人的內在真實人性，這反而會使寬恕者難以除去心中的諸多怨恨。這些怨恨才是情緒耗竭的根源。

寬恕不是為犯罪者的行為辯解

你或許會疑惑：「寬恕不就是找個可以解釋對方為何會有如此行為的好理由嗎？」事實並非如此。寬恕不是鴕鳥心態，寬恕是堅持認定，所發生的事於事發當時是不公平的，現在依然是不公平的，而且永遠都是不公平的。但在此同時，寬恕者仍願意試圖放棄心中的怨恨，無論對方做了什麼，仍視他為一個「完全的人」。

寬恕人，而不是寬恕沒有生命的物體

從上述的討論你可以理解，我們僅能夠寬恕人，因為在寬恕歷程中，我們試圖視被寬恕者為一個完全的人。更進一步說，當有人以不義待我們時，怨恨之心就會油然而生，而寬恕就是試圖放棄怨恨。因此，我們不會寬恕沒有生命的物體，像是颶風之類，因為它們不可能行不義，我們也不會試圖將它們視為「完全的人」。

寬恕不是特效藥

「你能不能只要告訴我如何寬恕，讓我得以依樣畫葫蘆，然後就能結束這一切傷害？」這是過去這些年我經常聽到的懇求。這就好像我們在找一種能立即發揮作用的「寬恕特效藥」。然而，寬恕是在痛苦的掙扎中，努力地深入瞭解這個行不義之人，因此，對我們大多數人而言，寬恕無法速成。是的，有些人能夠體驗立即性的寬恕，但是，那是極為少數的案例。我們大多數的人都必須經歷一段漫長的旅程才能真正地給予寬恕，這正是為何我們需要隨身攜帶這八把寬恕金鑰的原因。在我們能夠說：「我真的已經寬恕這個人」之前，我們必須藉由這八把金鑰進入不同的房間，完成這趟旅程。

何謂寬恕？

我一直強調寬恕與良善有關，而作為寬恕核心的良善就是愛。寬恕的最深層意涵是，試圖盡我們最大的能耐去愛那個傷害我們的人。這是極高的層次，我並不會期待你現在就能夠做到，因為在心中孕育出對傷你之人的愛，也許需要一段很長的時間。我所謂的**愛**是指，你希望對方得到最好的。這是具有「服事」的意涵，亦即，你願意為了他的此生有所改善而付出積極的作為。再次提醒，要擁有這樣的態度和觀點需要時間、努力、操練和力量。我們都是不完美的人，所以，我們無須尋求以完美的形式給予愛。為了傷你之人的益處，愛的形式可以是親切或寬大為懷，而非讓對方予取予求，例如：不管他做了什麼，都能培養出對這個人的尊重態度，這就是愛。

在寬恕歷程中，愛的具體表現就是「仁慈」。**仁慈**就是給予他人他們所不配得的，他們不配得是因為他們並未以尊重、善良、寬大為懷和愛對待你。在寬恕歷程中，你要以尊重、善良、寬大為懷和愛對待那些傷你之人，即使他們並未如此待你。這就是仁慈：給出你所**未**得的。

所以在寬恕旅程中，我們是以最廣泛的良善形式「愛」作為起點。我們要操練一種與眾不同的愛的形式：仁慈。然後我們明確地將愛與仁慈給予那些曾經對我們不公的人，這就是寬恕。

以Nathaniel為例。Nathaniel和他的哥哥Philip兩人還是高中生時，Philip以肢體暴力虐待Nathaniel。Philip的脾氣暴躁，容易爆發攻擊行為，使Nathaniel幾乎無法和Philip建立健康的手足關係，甚至在他們成年之後也是如此。不過，Nathaniel還是努力發自內心地寬恕Philip，這是非常不容易的，且需要在諮商師的協助下，經過數個月的努力才達成。在諮商過程中，Nathaniel嘗試視Philip為一個有價值的人。當Nathaniel能夠寬恕時，他明白，Philip的行為仍然是錯的，而且永遠是錯的，但是，那些行為並非Nathaniel用以審視Philip的唯一依據。「Philip作為一個人的價值，勝過他的攻擊行為。」這樣的思考為Nathaniel做好與Philip恢復手足情誼的準備——倘若Philip願意改變。

Nathaniel期盼與Philip恢復手足情誼，他等待了好幾年，直到Philip被診斷為癌症末期時，機會終於出現。由於Nathaniel早就寬恕Philip，寬恕使Nathaniel能夠到醫院照顧Philip。Nathaniel每天都幫忙餵食Philip並且鼓勵他。這些行為都是仁慈的舉動，是服事之愛的具體行為。Nathaniel畢竟承受Philip的嚴酷虐待多年，所以，這些仁慈的舉動一開始絕對是困難的，但他對Philip的寬大為懷，幫助他們兄弟倆度過這段過渡期。他們重新發現對彼此的手足之愛，這是比服事之愛更容易給予的愛。Philip離開人世之後，Nathaniel表示，他很高興自己寬恕了Philip，因為如今的他，心中僅有哀傷而無怨恨。如果當初他沒有寬恕Philip，他的哀傷勢必會混雜著極深的怨恨，那樣的混雜情緒對他而言，將會是高難度的考驗。

藉此你可瞭解，寬恕使你得以清楚地看見，對方的行為確實是不義的，也確實傷害了你，因此，你絕不會縱容或替對方的行為辯解；你也不是遺忘發生在你身上的事，但你不會緊握拳頭、咬牙切齒地記住所發生的事，而是帶著愛與仁慈回憶所發生的事。

所有這一切，愛、仁慈與寬恕都是由你的內心發出，進而流向對方。再次提醒，身為一個不完美的人，你只是盡己所能地展現這些美德。當你寬恕時，你可能會和對方重修舊好，但也可能不會。寬恕並不等同於重修舊好，因為重修舊好是一種協商的策略，是雙方在相互信任的前提下恢復關係，所以，「行為」是重修舊好的關鍵。相反地，「心」是寬恕最重要的關鍵，一旦愛在我們心中成熟，就自然會流向他人。雖然重修舊好是寬恕的重要目標之一，但是，即使我們給予愛與仁慈，對方還是可能會拒絕接受。

當我們寬恕時，我們願意並且努力地向對我們不公之人展現良善，即使對方未曾以公平、愛和仁慈待我們，我們還是待之以愛和仁慈。這種行為是出自寬恕者自己的自由選擇。

提醒 6 當你寬恕時，你會對曾以不義待你之人表示憐憫。你可能會和這個行不義之人重修舊好，但也可能不會。

接下來我們要思考一些問題，這些是人們以第一把金鑰進入寬恕旅程時，常常會提出的問題。

常見問題

問題一

「寬恕似乎是一種消極的歷程，因為一切都只發生在個人內心。是這樣嗎？」

不！事實並非如此。我們必須謹記，寬恕雖然是從個人的內心出發，但不會只停留在個人心中，而是會流向其他人。其他人會感受到你的愛、仁慈和寬恕。

問題二

「作為一個寬恕者，我自身的益處是否完全被排除在外？我宛如是一個一直給予的人，而對方則是接受者，這似乎不太公平。」

我們必須記得，寬恕看似矛盾、其實不然的真相：科學證據顯示，寬恕會使身為寬恕者的我們恢復情緒健康。給予愛和仁慈並不會使我們情緒耗竭，而是會更新我們的生命。

問題三

「但是，你所說的那些保護到底在哪兒？想到要對自己無法信任的人表示憐憫，就覺得自己正立於容易受到傷害的處境。」

許多人都犯了一個極大的錯，就是所謂的「非A即B」的二元論思考。寬恕並非撇開「正義」不談；寬恕和正義是攜手並進的。當你寬恕時，你向對方所要求的就是公平。相較於緊握拳頭、咬牙切齒地要求公平，寬恕更能滿足你對於公平的追求。

問題四

「這需要花多久的時間？」

寬恕所需的時間取決於你以往多常操練寬恕。愈常操練寬恕，就能愈快完成這趟新的旅程。但是，再次提醒，請務必瞭解，我們都是不完美的人，因此，每一趟寬恕之旅都會充滿掙扎。傷害愈深，寬恕對方所需的時間就愈長。若傷你之人負有愛你的義務，像是你的父母或是配偶，那麼，被他們背叛所帶來的傷害就會遠大過陌生人對你的傷害。比起寬恕因人性的不完美所導致的冷落和不義，要寬恕「背叛」你的人就需要更長的時間。

你可能還會有其他的問題，你可以在國際寬恕學會（International Forgiveness Institute）的官網上（網址：internationalforgiveness.com），點選「Ask Dr. Forgiveness」，就可直接向我提問。請不要客氣，利用這個選項提出你的問題，我會試著盡快回覆你。

寬恕英雄的圖像

讓我們花一些時間認識真實生活中的一些寬恕勇士——他們都是藉由以愛和仁慈為核心的寬恕戰勝不義。試著看見他們的生命力、他們的希望和他們對生命的熱情。對他們每一個人而言，寬恕是十分重要的，甚至拯救他們當中某些人的生命……以及其他人的生命。讓這些寬恕英雄激勵你，使你可以審慎考量自己的寬恕能力，繼續這趟寬恕之旅。

Marietta Jaeger

你已在本章中認識一位母親，她寬恕謀殺她女兒的兇手，這位英勇的女性就是 Marietta Jaeger。你可以從 1994 年在 Discovery 頻道首播的 *From Fury to Forgiveness* 的紀錄片中，看到她針對「寬恕力量」所做的見證。你會先透過他們的家庭影片片段看到悲劇發生當時，心神錯亂、情緒潰堤的 Marietta，以及 Marietta 親眼目睹自己的家庭因長期尋找被綁架的女兒 Susie 而崩落瓦解。Susie 被撕票的隔年，Marietta 仍繼續操練寬恕，最終產生一個令人意外的奇妙結果。就在 Susie 被撕票正好滿一週年的那天，那個綁匪打電話給 Marietta，想要譏諷她。然而，當時 Marietta 心中早已充滿寬恕，因此她問綁匪：「我能為你做什麼？」想像一下，面對這個謀殺者的譏諷，Marietta 竟然問對方這樣的問題。

這令綁匪十分震驚，導致他繼續和Marietta通話，他們通話的時間長到足以讓警方追蹤到綁匪的發話位置，進而逮捕他。Marietta的寬恕，使警方得以順利逮捕那個綁匪。在進一步的偵訊中，綁匪承認自己犯過多起的謀殺案。Marietta 的寬恕終止那個綁匪繼續犯下更多起的謀殺案。Marietta 目前正積極鼓吹廢除死刑。Marietta 為著自己的生命目的所展現的生命力，賦予生命更深刻的意義，她藉著下列訊息將這深刻的生命意義傳遞給其他人：我們都是特別的、是獨一無二的，且是無可取代的，那些殺人犯也是如此。當然，Marietta 花了很長的時間，才在她的寬恕旅程中抵達目前的位置。但是，正如你所見，寬恕被徹底且堅定地實現了。

寬恕在這個案例中之所以重要，是因為寬恕挽救了這位母親的生命，也許也守護了其他可能成為受害者的生命。由於Marietta繼續堅忍地為廢死奮鬥，她的寬恕也許還能拯救一些死刑犯的生命。

金恩博士

美國倡導公民權的英雄金恩博士（Martin Luther King, Jr.）在他的著作 *Strength to Love* 中一再提到「愛你的仇敵」。我們必須瞭解他是在什麼境遇之下做出這樣的聲明。當他撰寫那本書時，他的家被燃燒彈攻擊，他的妻子和孩子正受著威脅，但是，他讓愛勝過怨恨，用愛繼續抵抗種族仇恨，以及隱藏於種族隔離政策中的不公義。

從書中第一章的標題「堅韌的意志和溫柔的心」（A Tough Mind and a Tender Heart）可以瞭解金恩博士的寬恕觀點。他的觀點正是我們想藉由寬恕金鑰達成的目標。藉著表明「發生在我身上的事是不該發生的」以培養堅韌的意志，可是，你的心卻是要以愛、仁慈和寬恕回應不義。當你努力地以良善迎擊痛苦時，你所展現的是真正的力量與勇氣，而不是懦弱。

依據金恩博士的觀點，冷酷的人永遠無法實踐真正寬恕所需的愛與憐憫；他永遠把人當成可被操控以達成其個人目的的工具，因而無法真正地尊重人性的價值。金恩博士清楚瞭解，所有的人，甚至是不義之人，都是具有與生俱來價值的人，都必須被同等對待。這是他和他的家人被非法監禁時所領悟的道理。這是需要擁有極強的內在力量才能達到的境界。

金恩博士在該書第一章提醒他的跟隨者，必須以堅韌的意志和溫柔的心回應公民權運動，因為這兩者的結合可以改變社會，而且它可以是一種小規模的作為，例如：在自己的家中具體實踐。

金恩博士在他的另一本書 *A Knock at Midnight* 中指出，只要是人群聚集之處，就必定有許多破碎的心。他說，倘若你是人群中的一個，不要逃避「你有一顆破碎的心」的事實，至少你要對自己承認這個事實，並且承擔破碎的現實。換言之，勇敢地面對「你的心是破碎」的事實。金恩博士的心也是破碎的，他的同胞承受極大的奚落與汙衊，然而，他的心是如此地寬大，以致於他獻上自己的生命，只為了讓其他人的心不再被擊碎。引導人們進入寬恕歷程是金恩博士的目標之一，他並為此信念獻上自己的生命。

金恩博士的故事，彰顯寬恕之於致力追求公民權的全體美國人的重要性，若金恩博士沒有這樣一顆寬恕的心，你能想像美國的民權運動會是怎樣的景況嗎？

Corrie ten Boom

Cornelia “Corrie” ten Boom 與其家人住在荷蘭人的社區，他們幫助猶太人躲過二戰期間的納粹屠殺。她被逮捕之後，先被送到荷蘭的一個集中營，最後被轉送到地獄般的德國 Ravensbruck 婦女集中營。她的兄弟姊妹全都死在納粹集中營。她的書《密室》（*The Hiding Place*）中所描述的，就是他們家用以庇護猶太人免受納粹摧殘的那棟房子、房子裡的那間密室，以及她因協助猶太人而遭到逮捕且被嚴酷監禁的經過。

她於 1945 年被釋放，她當時的目標之一就是透過演講宣揚愛與寬恕。她在書中的最後幾頁提到，她生命中極大的挑戰之一，就發生在慕尼黑的一場演講之後。當時她並不知道在 Ravensbruck 集中營虐待她好幾年的一個納粹軍官也是當晚的聽眾。演講結束之後，那個軍官在門口向她伸手致意，並且尋求她的寬恕。那正是她身體力行自己所宣揚的寬恕信念的時刻，可是，當時的她，心中毫無寬恕之意。

依據她的描述：在簡短的禱告之後，她感到彷彿有一股電流，流過她的肩膀，順著她的手臂，流向她的手，使她向那個納粹軍官伸出寬恕的手。她覺得自己心中湧出一股對那個軍官的愛，那份愛幾乎淹沒了她，她寬恕了那個納粹軍官。

Cornelia的經歷是稀有的，她的寬恕是立即的，且是極罕見的。對我們大多數不完美的人而言，寬恕是掙扎地臣服於仁慈，這是需要時間與努力。我之所以講述她的故事，為的是要鼓勵你。寬恕有時會以積極的方式帶給我們驚奇。

對那個納粹軍官和 Cornelia 而言，寬恕是極為重要的。寬恕使 Cornelia 從滿腔的憤怒中獲得解脫。對於數百萬閱讀那本書和看過以該書改編的電影的觀眾而言，寬恕也是重要的。Cornelia 傳遞給社會大眾的是一個以盼望、愛和喜樂面對令人極為憎惡之處境的故事。Cornelia的故事彰顯寬恕的重要性，因為寬恕可以激勵我們朝向以仁慈對待那些未曾以公義待我們之人的目標前進。

約瑟

希伯來古代歷史的編年史家僅簡單地以「雅各的兒子」來介紹約瑟

（Joseph）這個聖經人物。事實上，約瑟的故事吸引人們已有數千年，直到今日，百老匯的舞台劇*The Goat of Many Colors*也是依據約瑟的故事改編的。無論約瑟的故事是一則寓言，抑或是歷史的史實，這個故事都對彰顯「寬恕之於整個社群的重要性」具有舉足輕重的影響。

約瑟是十二個兄弟當中的一個，他有十個同父異母的哥哥，和一個親弟弟便雅憫。哥哥們嫉妒父親偏愛約瑟，強烈的怨恨使他們把約瑟丟到坑裡，企圖要謀殺他。但他們很快地就改變心意，他們把約瑟拉出坑，賣到埃及當奴隸。

身為希伯來人的約瑟在埃及經歷一連串出人意料的事件，最終成為埃及政府的高官。正當約瑟在埃及政府位居高位之際，他的家鄉遭遇嚴重的飢荒，於是約瑟十個同父異母的哥哥下到埃及，希望埃及政府能夠憐憫他們，提供糧食幫助他們度過飢荒的天災，而他們所求助的埃及官員正是約瑟。約瑟認得他的哥哥們，但是他的哥哥們不認得約瑟，因為他們認為約瑟一定是在埃及的某處當奴隸，未曾料到他會位居埃及政府的權力核心。

不同於Corrie ten Boom，約瑟並未立即寬恕他的哥哥們，反而把他們關進監牢。當約瑟聽見他們哀嘆眼前所遭逢的命運，將之歸咎於他們多年前對自己的弟弟約瑟所做的惡事，約瑟哭了。約瑟因思念他唯一的親弟弟便雅憫，於是將其中一人留在埃及當人質，命令其餘的兄長回家鄉去把便雅憫帶到埃及。

當他的哥哥們依約將便雅憫帶到埃及，約瑟見到弟弟便雅憫，他再次哭了。儘管約瑟的心已經軟化，他仍然利用便雅憫耍了一個計謀。在給哥哥們足夠拯救整個家族所需的糧食的同時，約瑟將一個銀酒杯偷偷地藏在便雅憫的鞍囊裡。等他們行經一段路之後，約瑟和他的埃及軍隊追趕上他們，在便雅憫的鞍囊裡找到銀酒杯，控告便雅憫偷竊。此時，十個同父異母的哥哥當中有一人撕裂自己的衣服，懇求約瑟不要將便雅憫帶走，他願意代替便雅憫接受懲罰。

這個同父異母的哥哥所展現的勇氣與仁慈感動了約瑟，約瑟又再度哭了。這是約瑟第三次哭（三這個數字在宗教上具有「完全」的意涵）。約瑟終於向他們坦承自己的真實身分，他擁抱這些在多年前想要謀殺他的哥哥們，並且給予他們足夠的糧食拯救希伯來民族。

從約瑟的故事可以瞭解，寬恕對於這個大家族是極為重要的，因為寬恕，他們的心得以重新連結。同時，約瑟的寬恕確實也拯救了整個希伯來民族。希伯來民族和之後傳承希伯來原始一神論的族群都該感謝約瑟，他的寬恕是全球幾十億人迄今仍得以保存和傳承一神論傳統的重要關鍵。

寬恕很重要，其重要性有時不是我們的眼睛所能看見的，因為這愛是經由世代傳承，正如它流向約瑟、約瑟的兄弟、希伯來民族，甚至是更多的人。現在，讓我們以閱讀這些故事之後人們常提及的問題來作為本章的結束。

更多的問題

問題五

「你在本章所描述的寬恕，似乎是一種僅有少數人能達到的理想境界。像我這種可能無法成為『寬恕英雄』的人怎麼辦？此外，是否僅是有宗教信仰的人才能做到寬恕？」

寬恕是為了不完美的人而存在的，我們都是在不完美中操練寬恕。舉例來說，我們若只定睛在世界最強的籃球選手身上，然後對自己說：「我永遠都無法像他們那麼厲害。」大概就沒有人會去打籃球，哪怕只是把它當作是休閒娛樂。寬恕也是如此。我們不必因金恩博士以他自身的生命，持守忍耐、愛和仁慈的非暴力立場，為社會帶來極大的改變，而感到望塵莫及。我們也無須因約瑟居然能以愛回應想謀殺他的哥哥們，就對寬恕畏縮不前。

在寬恕歷程中，你只要竭盡所能地接納目前的你，然後勤加操練寬恕，如同前述籃球的例子，愈勤加練習，球技就進步得愈快……完美並不是使你從操練寬恕中獲得情緒療癒的必要條件。

針對宗教的問題，我們必須瞭解，如同我之前所述，寬恕的核心是良善。使自己成為良善的方式很多，例如：行為公正（這是實踐正義的道德美德）、賙濟窮人（利他的道德美德），甚至是忍受所愛之人一些小小的惱人行為（寬容）。我們大多數人都會盡可能地公正，而且，我們至少都曾表現出利他和寬容的行為。當你試著操練以仁慈對待傷你之人時，為什麼這種寬恕的實踐就該不同於其他美德的實踐呢？你只不過是在痛苦中操練這獨特的美德罷了。世上的每個人都曾經歷痛苦，只要願意，我們每個人都有能力領悟寬恕與實踐寬恕。儘管不同宗教與文化的人也許會以不同的儀式實踐寬恕，但是，寬恕的本質是所有實踐的核心。

我的研究團隊和我曾透過科學研究，幫助對宗教冷漠的人、不可知論者、無神論者和宗教信徒領悟和操練寬恕。我們所有的人都曾受過傷，我們都需要寬恕，而且我們都有能力操練寬恕的道德美德。

問題六

「在我選擇寬恕之後，我是否有可能又改變心意不寬恕，然後，又選擇寬恕呢？這種情況似乎就發生在前述約瑟的身上。他嚴厲對待他的兄弟們，之後又為此哭泣，但又重複地嚴酷對待他們。」

這個問題基本上是問說，每個進入寬恕之旅的人，是否都走在同一條直線前進的路徑上。簡單地回答：不是的。當你進入寬恕之旅，當然有一些事是每個人都會做的，例如，操練以仁慈對待對方。但是，我們每個人所經歷的寬恕之旅會有個別差異。有些人會因心中極強烈的憤怒而感到萬事起頭難。有些人則是一路暢行無阻，直到對方又再次以不公義相待，就在那瞬間，原本消失的憤怒再度重現，而且是烈火般的狂怒。當然，也有人會像之前提及的 Corrie ten Boom 一樣，是立即性的寬恕，幾乎難以稱之為旅程，因為一切發生得太快而且很快就結束。但即使是Corrie ten Boom，每一次在演講中提及那個事件，她就再次經歷寬恕之旅。在寬恕的路上，我們每個人的經歷都會有所不同，而且你會發現，你在每趟寬恕之旅所經歷的也都會有所不同。請以開放的心，迎接旅程中可能遇見的任何令人驚奇的體驗。

問題七

「在Marietta Jaeger、Corrie ten Boom和約瑟的案例中，他們所經歷的殘酷最後都終止了。但是，若我的加害者持續傷害我，我該怎麼辦呢？下一步該怎麼走？」

當對方堅持繼續待你不公，你所面對的是更大的寬恕挑戰。在此有兩個建議。第一個建議，在這種情況下，你更需要寬恕，因為稍不留意，你心中累積的怨恨會飆得非常高。正因這種累積的憤怒，會使同一個人對你的第二十次傷害的殺傷力，遠勝過其對你的第一次傷害。雖然持續寬恕是一件極困難的任務，但是有助於維繫你的情緒健康。

第二個建議，請記得你必須同時操練寬恕和正義。你需要寬恕這個人，但在寬恕的同時，你也要向對方要求公平正義。而且，你若操練寬恕，你所提出的要求會是合理的，而不會像莎士比亞的劇中人物一般，提出要求對方割下一塊肉作為補償的那種苛求。最後，請牢記，當你寬恕時，如果對方對你仍具威脅性，你並不需要與其重修舊好，而是需要和對方保持安全的距離，以阻斷更深的傷害；寬恕並不是讓你自己成為對方的拳擊沙包。

金鑰 2

鍛鍊寬恕的體魄

以權力支配他人者，終究是個冒牌貨。起初，權力藉由征服和宰制，使其看似可以永遠掌控，可是，愛似乎總是可以戰勝權力。你的夢想是受到權力的驅使，或是為愛所驅使呢？

寬恕的第二把金鑰，旨在藉由改變你的內心世界，為進入寬恕之旅做好準備，因為我們並非在一開始就準備好進入寬恕歷程。你需要的第一個裝備是，先檢視誰使你受創、導致你內心痛苦的根源為何，以及你是如何抵抗那個痛苦。但我現在還不想打開那扇痛苦之門，為的是要保護你。有時候，我們確實能夠立刻勇敢地正面迎戰痛苦；但有些時候，先裝備好自己再面對痛苦會比較好。金鑰 2 所要打開的，就是幫助你裝備自己以面對痛苦的其中一個房間，我稱之為「寬恕健身房」，在這個健身房裡有跑步機、登階機和飛輪，喔！還有划船機。

是的，我上述所列的都是有氧器材，因為我們必須先確認你的心──你的內心──處於最佳狀態，能夠適應之後的旅程。你需要先具備寬恕的體魄，然後才迎擊不愛你和不憐憫你之人所加諸於你的痛苦。而鍛鍊寬恕體魄最好的方法就是，訓練你的大腦和心、你的身體與靈魂。

我要藉由兩個運動的比喻，幫助你瞭解在進入寬恕之旅前，內心轉化的重要性。已故的 Herb Brooks 因帶領美國男子曲棍球隊，於 1980 年冬季奧運準決賽中打敗 USSR 隊贏得金牌而聞名。Herb Brooks 在練習時不斷地重複一句話：「男士們，腿健的狼才能存活。」這句話的意思是，如果你想要打敗 USSR 隊，你必須有強健的體魄。因此，球隊進行訓練時，Herb Brooks 先專注於強化球員的體適能，然後才訓練他們的曲棍球技巧。這招果然見效，他們最終贏得金牌。本章就是要以類似的方式幫助你。一旦你的內心強健到足以承擔這個任務時，強健的內心力量就能幫助你贏得勝戰。

另一個運動傳奇是 Norman Dale，他在 1954 年帶領 Milan 高中男子籃球隊參加印第安納州冠軍賽。電影《火爆教頭草地兵》（*Hossiers*）中的主角Gene Hackman，基本上就是以Norman Dale的故事為腳本。Dale成功的關鍵在於他重視隊員的體適能。隊員們在練習時最想要的是享受打球的樂趣，但是，Dale 卻堅持先訓練他們的體適能，然後是基礎訓練，最後，當一切都到位時，才讓隊員開始打球。和Herb Brooks的球隊一樣，這種先強健球員體適能的訓練方式，也是Dale的球隊致勝的關鍵──腿健的狼才能存活。

針對我們現在要談論的寬恕，我所指的是強化你內心的體適能，因為「心」是人類決心、意志和情感的中樞，是你面對任何生命挑戰之力量所在。倘若你的心不夠強健，你會發現寬恕是十分困難的。因此，本章的主要目標就是先強化你的「心」，讓愛與寬大為懷在你心中增長。然後，我們才會帶著這樣的體適能，使用第三把金鑰開啟下一道門，你將會在那個房間裡勇敢地面對你內心的痛苦，所以，第三把金鑰所開啟的是一個極為嚴酷的房間。請牢記所有上述的內容。現在，讓我們以兩個案例作為開始，這些案例的核心重點都是內心情緒健康。

喪子之痛

Marsha 和 Juan 專心致力於教養他們的三個孩子：17歲的 Eduardo、13歲的Susanna和10歲的Anna。悲劇發生的那個冬夜，警察來敲他們家的門，Marsha 的心變得沉重，她思索：**一定是其中一個孩子出事了**。Marsha 立即用抹布擦乾她的手去應門，其中一個警察問：「我們可以進去嗎？」Marsha非常不喜歡警察這種過於嚴肅的語氣。她顫抖地讓警察進到客廳。警察向她解釋，他們的大兒子Eduardo因吸食古柯鹼致死，因為有三個年輕人在派對裡對Eduardo施加壓力，要他以吸食古柯鹼來「展現他的勇氣」，於是，

Eduardo 生平第一次嘗試吸食古柯鹼。由於吸食的劑量超過其身體所能承受，他在醫護人員抵達前就已身亡。

那三個年輕人遭到警方的拘留，Marsha知道那三個年輕人對Eduardo的死有責任，也為他們竟然吸食這麼危險的毒品感到震驚，但 Marsha 絕望地認為：如今無論對那三個人做任何懲處，都無法換回 Eduardo 的生命。

Eduardo的死訊令Marsha和Juan頓時不知所措。**怎麼會發生這樣的事？我們沒能陪在 Eduardo 身邊幫助他。我們如何告訴其他兩個孩子和孩子的祖父母？失去兒子，叫我們如何活下去？**

Marsha 和 Juan 為悲傷與憤怒所勝。他們的大兒子本有美好的前程等待著他，如今卻已然消逝，房間裡只剩下他的樂器、耳機、球棒和一些書。無聲的寂靜更是格外地令他們感到崩潰。每當他們思念 Eduardo，甚至在哀傷中呼喊他的名字，空氣中沒有任何的回音，無聲的寂靜……永無止盡。

Juan 的憤怒十分強烈，他睡不著、食慾不振、不運動，而且失去照顧這個家的意志。Juan 承襲了他父母親的暴躁脾氣，現在的他更因不知道如何寬恕而經常任意地發脾氣。

兩年多之後，每當Marsha懇求Juan寬恕那三個年輕人，甚至為Eduardo在事發當晚的錯誤選擇寬恕Eduardo，Juan只會更加憤怒。Juan認為Marsha懇求他寬恕，是粉碎他對正義的需求。Juan 想為死去的兒子和其他可能成為同儕壓力下的犧牲者盡一份心，但他的生命卻是停滯不前，因為他無力走出他為自己建造的憤怒之屋。他一直將自己監禁在憤怒之屋——直到他死亡。Juan的早逝是壓力所致。

毒品及三個青少年所施予的強烈同儕壓力，在事發當晚同時殺死了兩個人：Eduardo和他的父親。除了Marsha之外，沒有人知道十二年前的那場悲劇與十二年後 Juan 因心臟衰竭而早逝之間的關聯性。Marsha 非常清楚瞭解，長期的意氣消沉是導致Juan暴食、睡不安穩和缺乏運動的主因，Marsha

知道什麼才是害死 Juan 的真正「元兇」。

事發當晚，Juan 對所發生的一切毫無心理準備。那場悲劇奪走他心愛的兒子，於是他選擇不再愛其他的人，也不再愛他自己。每次 Marsha 懇求他寬恕，他都拒絕，Juan 的選擇使他自己成為憤怒的囚犯。這使得 Marsha 如今必須承受喪子與丈夫早逝的痛苦，前者是因吸食毒品而亡，後者則是 Juan 自己心中看不見的憤怒所致。悲劇發生的當晚，Juan 並未具備寬恕的體魄，而悲劇發生之後，他也未能找到通往寬恕核心的道路，因此，Juan 是從內而外地被腐蝕……這原可避免的。Marsha 深信，Juan 若能寬恕，他會活出截然不同的生命，她的家庭也會有所不同。如今她卻必須過著沒有丈夫的日子，兩個孩子也面臨失怙的命運。

我們從 Juan 的身上看到，他被不義所擊潰，因為不義的力量勝過他心中愛的力量。

賓州阿米許的寬恕：Nickel Mines 事件

2006 年 10 月 2 日，身為人夫且育有三名子女的 Charles Robert，闖入賓州 Lancaster 僅有一間教室的 West Nickel Mines 學校，這是一所阿米許（Amish）的學校。Charles Robert 槍擊十個女孩，然後舉槍自盡，遭槍擊的女孩中有五個喪命。2013 年 9 月 30 日，Charles Robert 的妻子 Maria 首次在 ABC 新聞網談及這個悲劇。Maria 透露，Charles Robert 在失去他們的長女之後，就陷入嚴重的憂鬱症，而且為長女之死責怪神。她表示，Charles Robert 的殺人行動是他藉以報復神的病態行為。

無可諱言地，這是一場慘絕人寰的悲劇。在毫無預警的情況下，整個阿米許社群，特別是直接受到槍擊案衝擊的受害者家屬，突然必須迎面抵抗這股邪惡的力量。然而，更令全球震驚的是整個阿米許社群對這場悲劇的回應。事發之後，約有三十個阿米許的社群成員集體參加 Charles Robert 的喪禮，他們安慰 Charles Robert 的遺孀，甚至為其子女設立慈善基金。阿米許社群對加害者大量湧流而出的憐憫震驚整個世界，因為這個世界未曾經歷過如此這般驚人的仁慈寬厚之心。

在悲劇發生之後的幾個星期，我接到許多媒體的電話，大多數來電的重點都是說：

「這些阿米許人的行為是騙人的，對吧？」

「在那種情況下，沒有人能夠那麼快地就給予寬恕！」

「一旦攝影機停止拍攝，這些阿米許人一定會怒火沸騰，是吧？」

這些媒體的質疑讓我有些吃驚，他們當中的許多人拒絕相信他們眼前所看見的一切。媒體對阿米許社群的寬恕的質疑，刺激我開始更仔細地探究阿米許的文化。我從中發現，阿米許的信仰鼓勵其社群成員每日操練家庭祈禱，他們家庭祈禱的內容有些是以寬恕他人為核心，因此，當慘劇發生時，無論是個人、家庭，以及整個阿米許社群，皆已具備寬恕的體魄。但因阿米許社群以外的人極少深入瞭解並且辨認出這個事實，才會引發媒體如此大的質疑。媒體不相信整個社群每日操練寬恕的可能性，因為這種可能性從未出現在他們所認知的世界。但是，阿米許社群**確實**每日操練寬恕——這樣的操練使他們能夠寬恕那個槍擊犯，這是大多數人所不能想像的。

阿米許社群所湧現的仁慈，吸引世人的目光。如今這個故事不僅在 *The Power of Forgiveness* 這部得獎影片中被述說，許多其他的影片和書籍在描述這個慘劇，以及描繪這個承擔如此巨大痛苦的阿米許社群文化時，也會述說這個故事。

類似阿米許社群的故事證實，對於那些觀察他人寬恕行為的人，寬恕能夠發揮其正面的影響力。在這個案例中，Charles Robert 的母親 Terri 不得不繼續努力寬恕她自己的兒子。她被阿米許社群的愛所吸引，自願幫助其中一個受害者，因為那個受害者受到極大損傷，非常需要梳洗和餵食的基本照護。Terri 藉著照護這個受害者，用愛回饋那些對她及其家人施予愛的人。這些阿米許人寬恕的心不僅保護了他們的社群，也保護了不屬於他們社群的人。

Charles Robert 失去女兒，而阿米許社群不僅失去五個女兒，還需照護另外五個嚴重傷殘的女兒，但 Charles Robert 和阿米許社群對抗生命困境的反應卻截然不同。由此可知，遭受悲劇重擊時，是否已具備寬恕的體魄是至關緊要的。

鍛鍊寬恕體魄的七個原則

我們接著要探究的七種能力，不僅有助於你鍛鍊寬恕的體魄，且是極為重要的七個原則。操練這七種能力可以強化與提昇你的寬恕肌力，甚至還可能改造你的性格。我會針對每一個原則充分地討論，並且提供練習。你可以藉由這些練習，訓練你的寬恕肌肉：

- 承諾絕對不傷人。
- 培養更清晰的洞察力。
- 領悟愛並且操練愛。
- 理解仁慈並且操練仁慈。
- 每天在小事上操練寬恕。

- 始終如一地操練寬恕。
- 堅持每天操練寬恕。

原則一：承諾絕對不傷人

你也許會對你所需要承擔的責任感到驚訝。首先，你必須承諾不傷害那些傷你之人。這並不是要你停止和其他人談論這個人，而是要你不在其他人面前毀謗這個人。如同你所見，我並非要求你即刻就能對這個人湧現良善，而是要你**克制自己的負面思考**。「以牙還牙」是世上許多衝突的根源，當你拒絕這種「以牙還牙」的想法，你實際上是朝向寬恕跨出一大步，使你內心的良善得以擴展至傷你之人。本章的第一個練習就是實踐這個承諾的第一步。

練習一 鍛鍊你的寬恕肌力：許下寬恕的承諾

我們以已經寬恕曾嚴重傷害他們之人的成年人為對象進行研究，我們問這些成年人：「在整個寬恕旅程中，你覺得最困難的是什麼？」最常聽到的回答是：「承諾寬恕傷我之人。」

審慎思考上述的回答，可以發現其中的道理。因為這歷程對他們而言是那麼地陌生，是未曾經歷過的，所以，要向加害者伸出良善之手是真的、**真的**很困難。現在回到我們的練習，下列問題是依據寬恕的定義（參閱金鑰 1）所設計，你只要針對這些問題回答「是」或「否」即可，除此之外，無須做任何其他的事。

- 你是否願意給予傷你之人某些良善？（這可能包括目光的接觸、微笑或某些友好的表示。我不是要你此刻就採取具體的行動，我只是問，你是否**願意**在未來的某個時刻如此做。）

- 你是否欣然接受，寬恕最終等同於去愛傷你之人，即使只是對他有一點點的愛而已？（我再次強調，我在此只是要你瞭解自己的想法，不是要你即刻對他採取愛的行動。）
- 你是否願意更深入瞭解愛的真實意涵，盼望自己在未來的某個時刻，能給予傷你之人一些愛，並且在盼望中操練愛？
- 你是否願意更深入地探索仁慈的真實意涵？
- 當你對仁慈有更深刻的體悟時，你是否願意給予這個人仁慈？我再次說，仁慈是超越正義（正義是給予對方所當得的），給予對方超過其所當得的。試著善待那些對你不友善之人，就是一種仁慈。
- 明知他對你不好，你是否仍願意給予這個人良善？
- 你是否知道寬恕是你個人的自由選擇？
- 你是否願意憑你的自由意志選擇寬恕，而非因他人的壓力迫使你虛偽地選擇寬恕？
- 你是否願意在痛苦中嘗試這一切？

提醒 7 許多人認為，許下寬恕的承諾是旅程中最困難的部分。

原則二：培養更清晰的洞察力

讓我們以生命的大哉問為起點：何謂「人性」（humanity）？這些和你共同生存在這地球上的人們是誰？我們如何以「人性」定義這個龐大群體？我要問的是，就本質而論，**何謂「人」（person）**？

當我使用**更清晰的洞察力**這個詞時，是對你發出挑戰，希望你體悟，活在這地球上的每一個人，都是特別的、獨一無二的，且是無可取代的。無論是透過宗教信仰，抑或是透過無神論／不可知論的理性主義，我們都會得到這個相同的結論。

有宗教信仰背景之人的基本觀點是：所有的人都是按著神的形象造的。無神論／不可知論者的基本觀點則是：藉著演化的過程，人類的發展是將每個人都擁有獨一無二的 DNA 的特質傳遞給下一代。換言之，每個人的 DNA 都是獨一無二的，此獨特性會隨著個人生命的結束而消失。

我們大多數人都忙於生活，而甚少深思這類的大哉問。我們都需要工作、照顧家庭、忍受緊張的生活，也有目標需要達成，但是，在寬恕之旅中，花時間思考這個大哉問是十分重要的；思考這個大哉問不是無益的哲學冥想。要發展這樣清晰的洞察力需要時間，但是絕對值得。

> **提醒 8** 每一個人都是特別的、獨一無二的，且是無可取代的；要領悟這個核心的觀點，需要時間與努力。

原則三：領悟愛並且操練愛

當我使用**愛**這個字，我不是指羅曼蒂克的愛，我指的是像德瑞莎修女（Mother Teresa）藉著搶救和照顧那些流落街頭的病人和垂死之人，所給予加爾各答窮人的愛，是奉獻自己服事他人的愛。當甘地（Gandhi）為他的印度族人絕食抗議時，他所展現的也是這種**服事**他人的愛。母親徹夜未眠地照顧生病的孩子、已成年的子女照顧年老的父母、富人慷慨地捐款給兒童醫院，這些都是我所謂的「服事之愛」。

相較於訂婚情侶之間相互愛慕的感覺，這種服事之愛是較難精熟的，因為它需要操練者願意付出愛，而且有時所付出的愛是得不到回報的。儘管如此，操練這種服事之愛的人仍然會繼續操練。就像發展更清晰的洞察力一般，操練與耐心是使服事之愛更為成熟的不二法門。

提醒9 服事之愛是將自己給予他人的一種愛；要在個人生命中給予這種愛，需要時間與操練。

練習二 在小事上操練愛

今天的練習就是，至少找出三個你可以為這個世界注入多一點服事之愛的機會。例如：對一個看似疲憊、因工作倍感壓力的收銀員微笑；即使你已經很累了，你還是花一點時間陪伴需要你關心的孩子；你也許想要聚集家人，共同選擇一個很好的慈善機構，捐款給該機構。你還可以想到哪些其他可以讓你在今天操練愛的機會？

原則四：理解仁慈並且操練仁慈

仁慈是**服事之愛**諸多形式中的一種。當你具有影響力，甚至是握有權力時，你不會以權力操控他人，這就是仁慈。展現仁慈有兩種形式，第一種是「仁慈的自制」（merciful restraint），就是克制自己不做對方眼中視為負面或消極之事，例如：為人父母者要求行為不當的孩子回自己房間反省一個小時，這是孩子因為自己的不當行為所當得的懲罰。後來，父母將一個小時減少為半個小時，這是父母對孩子的憐憫。父母克制自己不做孩子眼中視為負面或消極的事（在房間待更長的時間）。第二種仁慈的形式就是以積極正向的行為回應傷你之人，例如：同事在你背後說你的壞話，以不實的指控令你難堪。在告誡你的同事之後（這是正義，不是仁慈），你以友善和尊重的態度，伸出你溫暖的手。

操練寬恕就是發展更清晰的洞察力、服事之愛、仁慈的自制，並且憐憫傷你之人。相較於世上所有其他的美德（例如：正義、忍耐、友善和寬宏大量），寬恕是最難以實踐的，因為你給予寬恕的對象是傷害你的人，這本來就不是一件容易的事。本書之後的內容會提供練習，以強化你的這些內在特質。

提醒 10　仁慈是服事之愛諸多形式中的一種，是將服事之愛給予令你痛苦之人，且需要忍耐與努力方能精熟。

中場休息：驕傲與權力

我想在此先暫停關於七項原則的討論，先討論鍛鍊寬恕體魄的兩個主要障礙：驕傲和權力慾望。這些年我發現，這兩者是發展寬恕和成為寬恕者最艱鉅的挑戰。深入理解驕傲和權力慾望，使你能夠在自己和他人的生命中及時偵測到它們的蹤跡，無論它們是在何時發生。

我們現在就針對驕傲和權力慾望個別進行研究，然後做一些練習，使你得以抵抗這兩個阻礙寬恕成長的敵人。

❖ 驕傲

《納尼亞傳奇》（*The Chronicles of Narnia*）的作者 C. S. Lewis 曾經說過，驕傲就是想把人當成棋子般地任意擺佈的慾求。Lewis 又說，驕傲是我們在別人身上所看到最令人討厭的特質，但我們卻極少看到自己的驕傲。

驕傲是以自我為優先，一旦自我被擺在優先的地位，終將導致羨慕（想要他人所擁有的）和嫉妒（擔心自己不受喜愛，例如：嫉妒你的伴侶可能會喜歡的朋友），而且憤怒會湧現心中，甚至波及其他人，對他們造成傷害。你可能也曾受過驕傲之人的傷害。而且如果你心中帶有強烈的驕傲，你心中的怨恨就難以釋懷。

❖ 權力

如果驕傲是想要把人當成小棋子般地任意擺佈，那麼，當權力的意義被扭曲和濫用時，權力就是操縱他人以滿足自己的需求，為一己之利而利用他人。若說今日人們的心沉浸在驕傲和權力之中已達一個程度，以致許多人再也看不見自己每天帶著多少的驕傲和權力活在這個世界，這種說法是否會太誇張？當代社會所追求的終極成就為何？當代社會的成人所追求的目標是什麼？哪些成就等同於「成功」？例如：我們若將協助單親家長照顧子女的社工，對比經常在電視上出現的千萬富翁，人們會稱羨哪一個？會視哪一個為成功人士？金錢很可能會勝過在幕後默默付出的服事。這兩人當中的其中一人，可能是為了奪取權力而做，而另一個則是展現服事之愛。當然也有可能，兩個人都沒有濫用權力。但是，哪一個比較可能濫用權力，或者說，比較容易受到濫用權力的誘惑？

還有另一個對比。哪一個人會得到較多的褒獎：是贏得冠軍的專業運動員（換言之，就是宰制對手）？還是一個長期匿名幫助窮人，但行動不便的跛腳中年人？我們常不假思索地稱羨權力，因為權力追求深深地嵌在當代社會文化的常態中。而且，即便那個專業運動員私下也大方地捐款給醫院或學校，我們所稱羨的依然是他的權力，而權力也依然是媒體報導的主軸，至於其幕後的愛的行動則不常被關注。

蓄意以權力支配他人的世界觀，與之前討論過的「更清晰的洞察力」

是相互衝突的。更清晰的洞察力所看見的是人性的浩瀚，這種浩瀚的人性，無法與控制、影響、宰制、汲汲營營於尋覓致勝方法這類窄化人性的觀點相互結合。倘若我們經常思索著如何贏過他人，或從他人身上榨取利益，我們的視野就會變模糊，也就不會有真正的「人生而平等」的思想。我所謂的**平等**並不是指每個人都擁有一樣的天賦，也不是指所有行業的人都應該得到同樣的工資。我所指的是，在這世界上的每一個人，都是特別的、獨一無二的，且是無可取代的。這是權力宰制者不會認同的觀點。對於追求權力的人而言，如果有人妨礙其達成目標，他一定會想盡辦法排除異己，而無視於對該人可能造成的後果，因為他認為自己有權任意擺佈人。

你可能沉浸在自己身處之社會的權力常態中，我們大多數人都是如此。然而，這種常態與服事之愛是相衝突的，因為服事之愛是奉獻你自己，而不是奪取。服事之愛的態度可能被視為是軟弱，是宗教狂熱，或甚至被某些人視為是一種自毀的行為，但實際上，服事之愛純粹是一種好的生活方式。權力宰制者無法領悟服事之愛，他們沒有更清晰洞察的眼力。

但是，你可能會問，難道沒有良性的權力，或是我們可能稱之為「善的權力」嗎？影響力和權柄完全不同於我們在此所討論的權力操控。老師因為其超越學生的知識而對學生有影響力，但是，老師不應該為一己之利而利用學生。C. S. Lewis的大半生都在和一位校長爭鬥，那個校長是個專橫的人，在許多學生身上留下終身的傷痕。這不是權柄，而是權力的操控。

父母對孩子有權柄，否則，孩子可能會因錯誤的判斷而受傷或失去生命。但是，父母不應該為自己的目的而利用孩子。權力操控就是為一己之利而利用他人。

我知道人們深信人類存在的最終目標就是追求權力，即便他們不喜歡他們所看到的。我太常聽到這樣的陳述：「這就是生存之道」。我甚至從一個市區幫派份子口中聽過這種陳述：他不喜歡他所看到的所謂「生活的真相」，但是他覺得，他必須依靠他所認定的「權力法則」過活才能生存。那時他才16歲，他不認為自己可以活到25歲以後。我不知道他現在是否還活著。

提醒11 驕傲和權力會阻礙你的寬恕。它們會妨礙你積極地轉化成一個真正的完全人。

讓我們透過一系列的練習，強化我們對剛學過的驕傲和權力的理解。接下來會有五個練習，當然，你不需要一次做完。最好的方式是從容不迫且深入地做完這五個練習。這樣的學習必須能深入且根植你心，並且期待它能伴隨你度過餘生。經過這五個練習的鍛鍊之後，我認為你將會覺得自己更強壯了，可以用第三把金鑰開啟下一扇門。所以，記住此概要，並開始這五個練習。

練習三 鍛鍊你的寬恕肌力：權力或愛的觀點如何形塑你對寬恕的理解

如今是洞察你對權力和愛的觀點如何影響你詮釋寬恕的重要時刻。你將會明白，這兩種觀點之間的顯著差異。現在，請透過權力的鏡頭，瀏覽下列我所提出的陳述，並請仔細思考，若你是一個滿懷權力慾望的人，你會如何做出回應。

- 懦弱的人才需要寬恕。如果你無法佔優勢，就只好任人宰割。透過你的權力鏡頭，這個陳述聽起來正確嗎？
- 當我寬恕時，我只不過是在為某人的壞行為找藉口，因為我沒有膽識與他對峙。這聽起來合理嗎？

- 寬恕，但永不忘記。假裝寬恕……然後報復。
- 除非對方願意補償我，否則我永遠不會與其重修舊好。我會習慣性地將得罪我之人從我的生活中抹除。透過權力的鏡頭，這豈不是合理的嗎？
- 人非生而平等，有些人就像羊一樣的軟弱愚蠢，這樣的人本就該任人宰割。

現在，透過更清晰的洞察力、服事之愛和仁慈的眼光，再次檢視上面的每個陳述，並將每個陳述轉換成問句。請透過愛的鏡頭，仔細思考你會如何回答。

- 懦弱的人才需要寬恕嗎？不！堅定不移地奉獻自己以服事他人，這是極有勇氣的行為。
- 寬恕是掩飾逃避對峙的託辭嗎？不！畏縮地忍受對方的殘酷行為，對他一點幫助也沒有。當我寬恕時，為了對方的益處，我是寬恕與正義並行。他的行為需要被矯正，但矯正並不是彷彿要從他身上割下一塊肉那樣的嚴厲懲罰。
- 寬恕是否是為了獲益而作假的一場遊戲？如果真是如此，那麼，我不僅是欺騙對方，也欺騙了我自己。我是背叛身為完全人的自己，也背叛身為完全人的對方——一個特別的、獨一無二的且無可取代的人。那樣的世界觀使我同時傷害對方和自己。
- 我是否可以任意將他人從我的生活中抹除？不！人是不可以被「抹除」的。你可以不與之重修舊好，但你不能將其從你的生活中抹除。為什麼不可以？你可以自己回答這個問題。
- 有些人真的是愚蠢的嗎？這是極貶抑人的說詞，且可能會反過來為害擁有這種想法之人的人性。這個陳述暗示，人可以為了個人的目的而利用他人。

提醒12 權力和愛爭奪你的注意力。

有人甚至可能會說，權力和愛為了爭奪你、你周遭的人和傷你之人的人性而相互角力。當你從權力的角度看世界時，你可能會對寬恕產生質疑，也可能覺得寬恕是惱人的事，甚至可能會厭惡寬恕。相反地，你若從愛的角度看世界，你會因寬恕能夠醫治破碎的心，以及修復破裂的人際與群體關係而深切地感謝。寬恕使我們在愛中連結；權力導致分裂和毀壞。

在人生的旅程中，你一定會遇到被權力世界觀所掌控的人，這些人可能是傷害你的人，他們有時甚至會一再地傷害你。我們每個人都同時擁有這兩種世界觀，但是，只要仔細檢視，你會發現，我們都會傾向其中一種——愛的世界觀或權力的世界觀。

練習四 鍛鍊你的寬恕肌力：認清世上的權力

本練習旨在幫助你訓練你的心智，使你能夠敏銳地覺察權力的存在，而不致毫不自知地隨波逐流。我們很容易在無意間就透過權力的鏡頭，將他人視為達成個人目標的可操控物體，因為我們周遭有許多人也都是如此行事。然而，此處的重點不是要你變得過度敏感而失去平衡，將一切都視為權力的操弄。所以，在做這個練習時，維持平衡和理性是極為重要的。當權力確實存在時，就要認清其存在性，清楚地反映權力的真相：權力的展現。這個練習也能幫助你辨識出對你不義之人，因為你已瞭解他們的世界觀如何影響他們的行為。現在就開始這個練習。

請做一張清單，至少列出五個發生在今日世界或是你身處的社群中，人們以驕傲和權力操控，而非以更清晰的洞察力、愛和仁慈彼此相待的實例。我在此舉兩個例子幫助你開始。第一個例子就是最近發生在我身上的信用卡盜用案件。有人竊取我的信用卡資訊。那個人先用我的信用卡訂閱旅遊雜誌作為測試，緊接著又訂了 3,000 美元的潛水裝備。先訂閱旅遊雜誌是竊賊的聰明舉動，藉此在信用卡公司的安全部門留下旅遊的線索，使他們以為我對旅遊有興趣，因此，接著花大筆的錢購買潛水裝備看似是合理的。但是，信用卡公司睿智的安全部門使其犯罪計畫破功。盜用者以其聰明才智佔我便宜，就是以權力操控我。

第二個例子，或許有人還記得美國Enron這家公司。在 2000 年時，這家公司號稱是擁有 1,010 億美元資產的能源巨擘，但是實際的狀況卻是公司的董事們做假帳，誇大他們公司過去的實力——為了成為更有影響力的公司。我們以過去式談論這個公司，是因為它已經在追逐權力的過程中倒閉了。誠如你所見，權力的爭奪並非一次性的軟弱，而是持續性且刻意發展出的生活型態。這公司選擇欺騙、詐欺、偷竊，以謀取控制他人的權力——這與服事相去甚遠。

現在輪到你列出五個「權力勝過愛」的實例。想想那些政治人物、大老闆、行駛在高速公路上的駕駛、當權者和你所熟識的人。檢視電視的商業廣告、網路廣告或報紙廣告，它們隱含什麼樣的微妙訊息？然後問你自己下面的問題：**在今日的世界，以及我所身處的社群，權力的世界觀是何等的普遍**？我們將會在下一章看到，你很可能一直被那些持有驕傲和權力世界觀的人所傷，而且可能傷得很深。

練習五 鍛鍊你的寬恕肌力：認清你操縱權力世界觀的程度

接下來的練習要探索你的世界觀。雖然你可能未曾察覺，但你是否長期持有驕傲和權力的世界觀呢？我問這個問題的理由是，如果你想鍛鍊你的寬恕心智，你就必須看清這個幾乎是隱形，但卻會削弱你的努力的狡猾敵人。驕傲和權力如何削弱你對寬恕的努力呢？在驕傲和權力的世界觀之下，你賦予怨恨崇高的理由，誇張地認為自己享有怨恨的權利，這過程是如此的微妙，即使你能夠覺察，你也不一定會將之視為驕傲和權力。

舉一個實例。Helen經常去教會做禮拜，希望別人當她是個善良又虔誠的婦女。她總是面帶微笑，給予那些向她尋求援助的人協助，並且總是帶著使人安心的語氣，輕易地就說出：「我寬恕你。」每個人都愛Helen，但是，在Helen的內心深處卻是懷抱著權力的意圖。首先，Helen希望人們羨慕她顯現於外的爽朗生命，但內心深處，她卻為一些小事而生悶氣，而且內心因她生命中一些深切的不義而極為憤怒。Helen將憤怒深藏於心，以致於沒有人知道這一切。Helen展現於外的是愛的世界觀，但她的內心世界卻與之大相逕庭。她不快樂，內心充滿憤怒，因為驕傲而刻意展現美好的一面。Helen渴望被愛，她的愛之舉動實際上是追求權力的作為，也就是想藉由表面上愛人的舉動滿足她被愛的渴望。Helen的內心是痛苦的，她最終因憂鬱症而尋求心理治療。驕傲和權力的世界觀是她的病根。

牢記這引言於心，列出五個你因操縱驕傲和權力，而錯失操練更清晰的洞察力、愛和仁慈機會的實例。重點不是要你覺得難堪，也不是要論斷你。每一個進入寬恕之旅的人，都必須徹底檢視自己的世界觀，學習覺察自己正運用驕傲和權力世界觀的微妙跡象。請以下列問題自問：

- 在我心中，權力的世界觀是何等的稀鬆平常？
- 當我透過權力鏡頭看世界，並且依此行動時，作為一個人，我是何等的快樂？

你可以做一個星期的記錄，記錄你所覺察到的，自己以權力的世界觀行事的實例。你可以用 Helen 的經驗作為引導你反思的實例。當然，你的經驗可能不會像Helen的經驗那樣戲劇化，所以，請把她當作一般的例子。

增強愛、仁慈與寬恕體適能的練習

現在你已經認識愛和仁慈，及其對手——驕傲和權力，讓我們藉由緊接著的兩個練習，培養愛、仁慈與寬恕這種奉獻生命的特質。

練習六 鍛鍊你的寬恕肌力：訓練你的心智使你能夠看見，更清晰的洞察力、服事之愛和仁慈仍存在於這世界之中

這個練習旨在強化你運用愛的鏡頭看這世界的能力，所以重點不是關乎**行動**，而是**理解**。其目的是訓練你的心智，使你對存在於這世界的愛有概略性理解（正如你在練習四努力理解存在於這世界的權力一般）。這個練習還未要求你改變面對這世界的方式，那是之後才會做的練習。目前只是要開始轉移你的焦點，將你的思維和注意力從權力轉移到「三大要素」——更清晰的洞察力、服事之愛和仁慈。一旦你能領悟這三大要素，我們就會在練習七開始具體的**實作**練習，最終，我們會在金鑰 4 和金鑰 8 的寬恕他人歷程中，運用這三大要素。

你在這個練習中的任務就是，開始觀察世上其他人如何展現更清晰的

洞察力、服事之愛和仁慈。你可以從新聞中（網路新聞或是送到你家門口的報紙）尋找一個實例，就是人們可以超越一般的觀點，視他人為特別、獨一無二且是無可取代的人的實例，只要一個實例即可。今日全球網路帶給人們最大的好處之一，就是友善的行為會像「病毒般」廣為流傳，正如悲劇和暴行也是如此。YouTube上就有許多這類的佳作，有了這樣的資源，很容易就可以找到展現更清晰的洞察力、服事之愛和仁慈的實例，然後花一點時間反思當事者的舉動。

我今天早上就做了這個練習，思索網路上廣為流傳的一則故事。那是一張一個非裔美國人在地鐵車上睡覺的照片，他的頭枕在一個猶太人的肩膀上。那個頭戴圓頂小帽（yarmulke）的猶太人，真的讓那個非裔美國人將頭靠在他肩上睡覺，這顯示，猶太人瞭解非裔美國人非常疲倦且需要休息。更清晰的洞察力使他理解，睡著的非裔美國人是一個應該被尊重且被關懷的人。這是同時展現更清晰的洞察力和服事之愛的實例。

現在試著發現或回憶一個某人對其他人展現服事之愛的故事。之前提過的阿米許的故事，就是服事之愛的最佳實例。試著自行發現這類的故事，使你能夠積極投入這個練習，而不是僅止於閱讀我所提供的實例。唯有積極投入這項練習，才能強化你服事之愛的世界觀。

最後，尋找一個關於仁慈的實例。在國際寬恕學會的官網（www.internationalforgiveness.com）上的「Forgiveness News」區，有許多這類的實例。你可以看到，來自世界各地的人們以服事之愛去接觸那些深深傷害他們的人。這些故事十分激勵人心，因為我們分享了那些受傷之人的勇敢與愛。

練習七　鍛鍊你的寬恕肌力：今日就操練更清晰的洞察力與服事之愛

現在是將**理解**化為實際**行動**的時候。對於培養將更清晰的洞察力、服事之愛和仁慈融入每日生活的習慣，這個練習特別重要。我們會將仁慈的操練先暫時擱置，因為我們尚未進入金鑰 4 的寬恕階段。當前的任務是，培養以更清晰的洞察力理解你今日所遇見的人。

這個練習需要你先選擇五個人，他們並不需要是你所熟識或是有過互動的人。例如：其中一個可能是在街上與你擦身而過的路人，其他的也許是你周遭或是透過網路和你有直接互動的人。對**你自己**而不是直接對那個人，說出下列的陳述：

- 「這個人在這世上是特別的、獨一無二的，且是無可取代的。」
- 「這個人過去可能受過傷害，今日他的內心正帶著那些未說出的傷痛。」
- 「這個人今天可能遇到一些不義之事，並且可能因而受到傷害。」

將上述這三個陳述用在你所選的那五個人身上，你可能會需要寫下來貼在牆上，或是用磁鐵貼在冰箱上。隨身攜帶這三個陳述，這樣會讓你記得對自己說出這三個陳述。如果牢記於心對你是輕而易舉之事，你甚至可以牢記這三個陳述。

這個練習的第二部分，你的任務是，今天至少對五個人展現服事之愛。一個擁抱、一個微笑、在一個社群網站上按一個「讚」；對一個疲憊的收銀員展現耐性；對一個受傷的同仁表達理解之情；安撫一個小孩；在網路互動中加入振奮人心的元素，並且以鼓勵作為結束；適度地捐款給慈善機構——所有這些行為都是服事之愛的具體展現。

提醒 13 你隨時都可以操練以更清晰的洞察力和服事之愛對待他人。

原則五：每天在小事上操練寬恕

當你學習寬恕時，一開始最好從身邊的小事著手，藉此建立對實踐寬恕的自信，因為你將更加熟悉，可以更輕鬆自在地實踐寬恕。讓我們持守這個精神，開始在小事上操練寬恕：覺察今日令你略感惱怒之事，然後寬恕那些激怒你的人。請牢記金鑰 1 所強調的，你只能寬恕人，不能寬恕沒有生命的物體。

練習八 鍛鍊你的寬恕肌力：在輕微惱怒的情境中操練更清晰的洞察力、服事之愛和仁慈

這個練習藉由聚焦在日常生活中一些惱人的小事上，使我們與寬恕更貼近：同仁開會遲到、小孩因為困倦而不聽話、排隊等候結帳的長龍，這些都是練習的好機會。

你今日的任務就是找一個人，作為你操練更清晰的洞察力、服事之愛和仁慈的對象。當你發現這個人有點惹惱你時，請先對自己複述之前的三個陳述（你可能已經牢記於心），下列是作為提示的簡易版本：「這個人是獨特的；他曾受過傷；他可能正與我所不知的不義奮戰。」

接著以具體的行動操練服事之愛。即使有些惱怒，你依然視對方為一個獨特的人（因為我們都是獨特的），並且試著以具體的行動表達這個想法（一個微笑或表示同情的言語），操練仁慈的自制（使你不會在挫敗中

反擊）。嘗試溫和且坦誠地鼓舞對方，因為這是身在其中的你可以做得到的。

這是你今天需要做的練習，也是你每天要做的練習，因為這對鞏固你愛的世界觀極具影響力（是就道德良善而論）。

提醒14 你能夠以更清晰的洞察力、服事之愛和仁慈這三大要素，回應輕微的惱人行為。

原則六：始終如一地操練寬恕

我們的感覺有時會阻礙我們寬恕的意願和能力。當我們非常生氣時，我們就無心寬恕。比起嚴重的過犯，我們較易藉由更清晰的洞察力、服事之愛和仁慈的操練，寬恕惱人行為。

這個練習的挑戰就是，即便你不喜歡寬恕，或是你的憤怒讓你不想寬恕，你依然要嘗試委身於寬恕。我不是要你即刻寬恕，而是要你鍛鍊寬恕的體魄，使更清晰的洞察力發展成為你的性情。我所指的是，無論對方是誰、無論你的內心狀態為何、無論對方有何舉動，你都能開始以更清晰的洞察力去瞭解對方。

練習九 鍛鍊你的寬恕肌力：無論何種情況都要始終如一地寬恕

在此提供你三個情境，請運用你的想像力，想像如何在這三個情境中始終如一地操練寬恕。在每個情境中都試著始終如一地給予寬恕。

- **情境一**：你已經非常疲憊，就在傍晚開車回家的途中，有人搶你的車道。你緊急煞車，心跳加速，因為差點就釀成車禍。儘管如此，你是否依然能夠視對方為特別的、獨一無二的，且是無可取代的人？即使不是在當下，你是否仍願意委身於寬恕？
- **情境二**：就在你身心狀態不佳時，你所愛的人正需要你給予關注。實際上，你或許覺得，他是在你無法給予關注的錯誤時機對你提出需求，你覺察到自己心中的憤怒正油然而生。你是否願意抑制那憤怒，使你不會以不健康的方式發洩心中的怒火？你是否願意開始運用更清晰的洞察力、服事之愛和仁慈操練寬恕，使你的內心與外在行為不會被憤怒所掌控。請勿將此練習視為嚴苛的責任，請將其視為促進你情緒健康的方法。
- **情境三**：你正忙碌的時候，電話響了。你很快地瞄了來電顯示，以為是朋友的來電。就在接起電話的那一刻，你聽到的卻是電話市調人員的問候。你是否願意**不做出傷害的事**，亦即克制自己不立刻掛斷電話、不以粗魯的方式回應對方？你是否願意立刻視對方為特別的、獨一無二的，且是無可取代的人，並且依據這個洞察，友善地回應對方？

如果你在面對上述三個極為平常但卻截然不同的情境時，都能始終如一地寬恕，這就表示，寬恕已經開始成為你生命的一部分。你在上述任一情境中的寬恕操練，都可以擴展至其他的情境，幫助你在真實生活情境中倡導仁慈而非憤怒。關鍵就是像這樣在每日的生活中操練寬恕。

原則七：堅持每天操練寬恕

我在前文中已提過，我從 1980 年代中期就開始研究寬恕，我在那時就已知道這個事實：許多人一開始對寬恕相當感興趣，可是，一旦開始操練寬恕，不消幾個月，就會對寬恕失去興趣。他們開始轉移到生活中其他的流行娛樂，讓寬恕從他們的腦中和心中逐漸消逝。他們沒有堅強的意志讓寬恕得以在他們的生命中紮根，使之成為實踐和認識這世界的一種方式。

這種情況也可能發生在你身上。委身於寬恕並不是短期地諒解一個曾經以某種方式傷害過你的人。**委身**必須是長期的。如果每個星期進行幾次的健身運動，持續三個月之後，你就停止了，請問你能因此鍛鍊出強健的體魄嗎？當然不可能。寬恕也是如此。你必須奮力抵抗任由寬恕消逝的傾向，你必須奮力抵抗生活中使你遠離操練寬恕的所有干擾。

提醒 15 寬恕可能從你心中消逝，你甚至不會再想到它。為了你自己，也為了其他人的益處，請勿讓寬恕從你心中消逝。

練習十 藉由堅持操練寬恕以鍛鍊你的寬恕肌力

接下來的五個問題可幫助你終身堅持操練寬恕。

- 你是否知道，寬恕很容易就會從你心中消失？
- 你可以和誰成為「鍛鍊寬恕的夥伴」，使你們能夠為著彼此的健康、為著其他可能成為你們其中一人不健康憤怒的出氣筒之人的幸福健康，而幫助彼此持續操練寬恕？
- 有哪些主要的消遣娛樂可能會誘使你屈從，而任由寬恕從你的心中消逝？請逐一列出，並且對它們有所警覺。這些都是你幸福健康的敵人。
- 你是否可以每天花三分鐘，檢視你在寬恕方面的進步？只要三分鐘。如果三分鐘還是太長，兩分鐘可以嗎……每天？
- 你是否知道寬恕的益處？偶爾複習寬恕的益處，以激勵你繼續鍛鍊寬恕體魄。

提醒 16 堅持寬恕的操練可能成為你生命中最重要且最有價值的挑戰之一。

迎向未來

金鑰 2 的所有練習都為堅固你對人的一般性見解，以及與人的一般性互動，使你得以裝備好自己，面對寬恕傷你極深之人的嚴酷挑戰。以本章所述的認識這個世界，以及與這世界互動的新方式裝備你自己，將會協助你運用金鑰 4 到 8 操練寬恕。這也是為何你需要不斷地練習本章的內容，使其成為你生命的一部分。當你致力於治療你的情緒創傷時，你很容易就會將本章所學的內容擱置一旁，但請牢記，本章內容所奠定的基礎，可能成為你獲得更深層療癒的基石。每日持續不斷地操練金鑰 2 的內容，使其成為你寬恕性情的一部分，這將使你的寬恕之旅的後續發展成為可能。

金鑰3

辨識痛苦的根源及處理內心的混亂

是的，因為他人對我的不公待遇，使我今日背負痛苦，但這痛苦不會永遠存在。有許多方法已被證實能夠戰勝那痛苦，而寬恕是擁有科學證據支持的其中一種方法，能使我得以戰勝痛苦。我選擇接受醫治，以消滅因他人的權力操控對我產生的心理影響。

我們握著第三把金鑰抵達第三道門，請拿出你的金鑰，自己開啟這道門。我之所以如此請求，是因為這是極嚴酷的，我要你藉著打開這扇門，自己先進入，展現你努力醫治自己創傷的勇氣與委身。我要你知道，你能夠且將會在痛苦面前站立得住，看清痛苦的真實面貌，但不會被痛苦擊潰。打開這扇門是情緒療癒的第一步。所以，當你做好準備，請隨我進入這痛苦之門。請記住，這是一個有出口的房間，我們不會永遠停留在這裡。出口是進入陽光普照之處，那可能是你許久未曾感受到的。陽光正在出口處等待我們，我們很快就會抵達出口。我會陪伴你一起完成這趟旅程。

提醒 17 如果你選擇接受醫治，寬恕的操練會使你的痛苦獲得療癒。

瞭解不義及其影響

當你選擇寬恕一個人時，你必須先確認，他是真的對你不義。以 Kari 為例，她因為老闆沒有出席一個重要會議而非常憤怒。會議結束之後，她看到老闆留給她的訊息，為他的缺席道歉。老闆的女兒出了意外，他必須趕緊將她送到醫院，沒有時間打電話到辦公室。Kari瞭解，在這種情況下，老闆對於女兒的責任勝過他對公司員工的責任。老闆並沒有犯下需要寬恕的過犯。我們需要花點時間檢視，你何時需要花時間寬恕對方，何時因對方並未犯下需要寬恕的過犯而無須寬恕。

所謂的**不公義**是一種人為的結果，是某人針對你所展現的作為或不作為（例如：刻意未出席會議卻未提出合理的解釋），而且那不是你應得的。**人為的**是個重要的詞彙，因為它將焦點範圍限制在「人們」；龍捲風或是其他天然的災害不是「人」，不可能以不義待你。有時候，那個「人」其實就是你——你自己，我們會在金鑰7探究這部分。我在本章所指的「不公義」，就是未善盡義務。我們每個人的基本權利都需要被滿足，才能好好地活在這地球上：呼吸新鮮空氣的權利、攝取營養食物的權利、不受嚴酷天氣威脅的權利、被視為完全人的權利。因為你有這些基本權利，他人有義務不妨礙你的這些權利；無論是刻意的，或是無心的疏忽，無論何時，只要他妨礙你的正當權利，這個人就是對你不義。

偷你財物的人有義務不偷竊，因為那是蓄意侵犯你的財產權。但是，如果你有一千條麵包，而你的鄰舍卻一無所有呢？那麼你有義務行使公義，雖然對方並沒有權利迫使你承擔義務。

提醒 18 我們每個人都有權利和義務，那些剝奪你權利的人就是行不義之人。

有時不義並非是像偷盜財物般的蓄意行為。假設開車時，有人闖紅燈，攔腰撞上你，毀了你的車和你的膝蓋。肇事的駕駛哭著說：「我不是故意的！」那又如何？他有義務要小心駕駛，因為悲慘的結果可能會發生，而且如今就發生在你身上。你有權利擁有功能正常的車和膝蓋。

提醒 19 未能履行義務可能是蓄意的，也可能不是，但無論哪一種情況，未履行的義務已確實損害你的權利。

最常發生的是，未能履行的義務或是你的基本權利遭到侵犯，都因有人以權力宰制你所致（我在此是以負面的意涵使用**權力**這個詞）。因為以權力宰制你的人，其內在世界是處於相互抵觸的狀態，他對自己的權利認知是一種曲解，而且，他未能看見的是你的權利。

「但我必須在開車時傳簡訊給對方。」

「是他造成的，因為他讓我抓狂。」

「是她造成的，因為她侮辱我。」

你可以看到，以牙還牙並非伸張正義。如果你對他人不義，他們並沒有權利以不義回擊；他們有義務以正義抵抗你的不義。例如：如果你不尊重他人，對方可以口頭告誡你。

若有人仗著權勢告訴你：你錯了，你並未受到不公的待遇，請勿因此就相信你所蒙受的不公待遇並非不義。他們會宣稱：「是你搞錯了！」輕蔑地說：「做點有益的事吧！」冷漠地在你耳邊說：「忘了吧！」這是一場權力的戲碼。

提醒 20 對方的權力世界觀會以虛假的良善之名，使你蒙受不義。不要被他的論述：「你並未遭到不公的待遇」所愚弄。

但是，要小心，不要凡事都透過權力的鏡頭加以詮釋，因為你可能會將無關乎正義之事視為不公義。以下是對不公義的錯誤理解：

「因為我的生活很忙，所以，大學老師沒有權利指派我家庭作業。」

「我的伴侶再怎麼累，也必須陪同我參與社交活動。」

「我的孩子們沒有不完美的權利。」

「即使我做錯了，也沒有人有權利指正我。」

如果你不小心謹慎，你會扭曲自己的義務和對方的權利。

提醒21 當你使用權力的鏡頭時，對於什麼是對你不義、什麼不是對你不義，你會有所曲解。你也很容易控訴他人的不義，但事實卻非如此。摘下權力的鏡頭，你會擁有更清晰的洞察力。

最後，我們必須明白，真正的不公義是，有人未能確實履行義務而損害你的真實權利。當你的權利受到損害時，你會受傷。不義所衍生的後續影響對你所造成的傷害，可能和事情發生的當下所衍生的傷害一樣深，甚至更嚴重。為了你的益處，我們必須處理這些不義所造成的影響。這些影響會使你的內心覺得非常混亂、非常不安定、陰鬱、慌亂——內在混亂狀態。

提醒22 當有人對你不義，其結果可能會對你造成極大破壞。你有權利處理那些破壞，特別是那些內在的影響，我稱之為內心的混亂。

你因對方以不義待你而受傷時，你擁有療癒的權利，那正是我們在金鑰 4 所要努力的方向。因你無法如同醫生、諮商師或是衛生照護工作者一般，針對你自己內心混亂的問題做出明確的專業診斷，所以，我們要在本章花些時間，針對你的痛苦源頭進行一般性的辨識。我在此是用一般人常用的詞彙，譬如他們尋求醫療協助之前所使用的詞彙。當然，你進入急診室之前，你就已經知道你的膝蓋受了很嚴重的傷。你會先做初步的診斷，知道一定有什麼不對勁。這就是我們現在要做的：你要先針對你的內在世界進行初步的診斷，使你能進一步尋求最佳的治療。現在是朝向使你獲得療癒這個重要目標前進的時刻，我們是否可以開始檢視你的內在世界？容我再次聲明：你有權利從他人不義行為所致的創傷中獲得情緒療癒。當我們繼續前進時，瞭解我們不是要論斷人或是譴責人，而是檢視人的行為，並且辨識真正不義的行為，這是非常重要的。

辨識你需要寬恕的人及其優先順序

在分辨寬恕之旅中你要寬恕的人之前，先聆聽下列關於創傷的故事，以幫助你從細微之處覺察，你所背負的內心創傷可能是因過去或目前所發生的一些不義所致。此處的重點不是承接他人的傷痛，而是以之為例，問你自己兩個問題：「誰傷害我？」和「誰傷我最深？」這些人都是在下一章的寬恕之旅中，你需要寬恕的對象……是為了對方的益處（因為寬恕是關於良善），也是為了你內心世界的療癒（因為你擁有療癒的權利）。

並非所有故事都貼近你的狀況。然而，某些故事確實可能與你的情形相近，只是你未曾以那樣的角度思考過你自己的情境罷了。無論如何，這些故事都是要幫助你洞察自己的內心世界。

源自父親和同儕的創傷

Christopher是一位任教十年的中學老師，學生都受不了他，因為他幾乎是個粗魯的獨裁者。他指派許多作業，把學生壓得喘不過氣。因為他要求學生尊敬他，所以學生不敢挑戰他，只能痛苦地忍受，但願自己不是Christopher班上的學生。在他的班級沒有一個人是快樂的，包括Christopher自己。

Christopher小時候不擅長運動，有時候同學們會嘲笑他，使他覺得和同學之間有隔閡。Christopher 內心渴望融入他們，但他從未真正融入同儕群體。Christopher的父親是個嚴苛的人，對於Christopher的行為和學業成就的表現要求極高，Christopher認為自己的父親從未接納過他，因為他總是比父親的標準差那麼一點。Christopher是在沮喪、缺乏成就感和憤怒中成長——但他從未覺察自己的憤怒。畢竟，他還只是個孩子，需要仰賴他父親；在同儕方面，他也是毫無選擇，因為他無權選擇與誰同校。因此，Christopher藉著否認憤怒以壓抑心中的憤怒。

然而，憤怒確實存在，而且至今仍然存在。Christopher在成長過程中未獲得同儕的尊重，所以他現在要求學生要尊敬他。Christopher複製父親對他的高標準要求，並將之加諸在他的每一個學生身上。不幸衍生不幸，甚至導致更多的不幸。Christopher曾受創傷，而且，他一直把自己和許多學生都囚禁在他的「憎惡之屋」，直到他最終看清這一切。他運用教師的權力宰制學生，因為他們目前的年齡正好與多年前宰制他的同儕當時的年齡相同，於是，他藉由複製當初父親對待他的威權方式宰制他的學生。Christopher將自己所受的創傷，複製到他的學生身上。如果 Christopher 要開始接受寬恕治療，他必須先認清其主創傷（primary wound）的源頭是自己的父親，因為父親嚴重地毀壞Christopher的自我形象。Christopher的同儕加諸於他的是次創傷（secondary wounds）。倘若 Christopher 選擇先寬恕學生時代的同儕，除非他寬恕了自己的父親，否則 Christopher 內心纏繞的憤怒會阻礙他寬恕學生時代的同儕。所以，對 Christopher 而言，最佳的途徑是先寬恕父親，再寬恕同儕。

源自母親和伴侶的創傷

Samantha 是三個孩子家中的長女，她的母親因罹患憂鬱症，沒有什麼精力打掃家裡、為家中的三個孩子準備三餐或是關注孩子們的身心需求。所以，Samantha 和母親之間並無深厚的情感依附。親子間的情感依附是在童年早期形成的，好的親子教養是發展對他人信任的重要關鍵。Samantha年輕時，缺乏信任感成為她與異性交往的障礙，她無法和任何可能成為未來配偶的人產生親密的情感。在五段交往關係中，她都是個失敗者。在其中兩段關係裡，Samantha 因與母親之間缺乏健康的情感依附，使她在伴侶的選擇上做了不智的抉擇。其中一個伴侶有嚴重的酗酒問題，Samantha 一開始並未發現；當她最後終於發現這問題時，她以為自己或許可以幫助她的伴侶「解決」酗酒的問題。在另一段有問題的伴侶關係中，對方會使用言語暴力。Samantha 再次地認為，假以時日，對方會終止這種行為。

正因五段關係都失敗，Samantha 一直是單身。她沒有關係親密的朋友圈，並且以工作為慰藉。她孤單且憤怒。她因目前的混亂狀態而責怪她的伴侶。她的責怪集中於伴侶身上的小缺點（其中的三段關係）和不可忽視的缺點（其中的兩段關係），這使她得以合理化五段伴侶關係失敗的事實。Samantha 的世界觀變得非常的負面，她的結論是，父母養育兒女是為了自己的利益，是自私的，所以她才不要為人父母。孤寂使得 Samantha 罹患憂鬱症。當她尋求協助時，因為她的治療師深信，憂鬱症是一種生理的疾病，所以只是治療其症狀，未能發現 Samantha 缺乏情感依附、疑心、憤怒的問題，以及為了母親未能與她建立極為重要的母女情感依附關係而寬恕母親的需求。治療師將治療重點放在其中兩個伴侶身上，雖然他們的行為確實非常嚴重，但治療師並未深入發現 Samantha 的母親才是問題的真正源頭。

如果 Samantha 接受寬恕治療，她會處理她和母親之間的問題（主創傷），以及處理她和那兩個有嚴重問題的伴侶之間的問題（次創傷）。因此，Samantha 最需要寬恕的人是她的母親。即使她在寬恕治療中最先想寬恕的是那個對她言語暴力的伴侶，她仍然需要寬恕她的母親，因為母親未能與 Samantha 建立健康的依附情感才是最嚴重的創傷。倘若 Samantha 未能寬恕她的母親，她將難以憐憫他人，因為她對人的信任感在童年早期就已被毀壞。

源自族群／種族及個別群體的創傷

Janice 和她的丈夫 James 與兒子 Rodrigo 一家人，剛從菲律賓搬到西歐的一個中型城市。在新城市安定下來之後，Janice 注意到，她從一些人，甚至是不認識的人身上，感受到所謂的「不友善態度」。當她和丈夫討論這事時，他們發現這個城市存在種族間的緊張關係。過去兩年因為醫院護士荒的問題，許多泰國的護士前來應徵，填補護士的職缺。Janice 和 James 發現，當地的居民並不瞭解，是當地的醫院要招募護士，而不是泰國護士們想移民而蜂擁移居該城市。儘管如此，還是有些當地的居民誤以為泰國護士們搶走本地人的工作機會。而事實上，Janice 也不是泰國人。

Janice 和 James 如今陷入一個不健康的情境。他們在公共場合依然感受到人們對他們的普遍負面反應，Janice 因而開始變得憤慨。在此同時，他們的兒子 Rodrigo 在學校也遭到一小群學生的排擠，這讓 Janice 很擔心。雖然社區和 Rodrigo 學校裡的多數人都很有禮貌，但是那些不禮貌的言行發生的次數實在多到讓她覺得，他們家的生活品質彷彿已受到波及。

Janice 如今已瞭解，族群偏見是一種難以破除的常態，至少對某些人而言是如此。只因她與生俱來的樣貌，便遭受旁人的非議與定罪，這種常態使 Janice 感受到一種不易察覺卻確實存在的刺；她的心因而受傷。

Janice經常與內心的憤怒搏鬥，但她知道那憤怒是不健康的。這樣的掙扎令她深感無助，因為族群偏見的問題並不會很快就消逝。被困住的感覺強化她的憤怒，最近更開始轉成焦慮。

如果Janice要開始接受寬恕治療，她的主創傷是源自於社會中各種明顯或不明顯形式所散發的族群刻板印象和偏見。一個人如何能寬恕社會規範？社會規範不是人，我們可以寬恕人，但我們無法寬恕沒有生命的物體和抽象概念。Janice不是要去寬恕這種規範，而是寬恕那些持有和保存這種規範的人。寬恕一個群體是可能的，甚至是像「社會」這樣大的抽象群體。我們會在下一章探討這個主題。而Janice的次創傷則是源自兒子學校的學生。

Janice因族群偏見的創傷所導致的痛苦，可能會波及她生活中的其他層面，例如：與住在菲律賓的父母的信件往來。Janice最近很少與父母聯繫，因為她不想和父母分享這類的經驗，怕他們會擔心。寬恕那些保存這種社會規範的人，可以平靜她的內心世界，使其得以寬恕那些將這種規範以具體的行動帶入她兒子學校中的人。

在我們將焦點轉移到辨識不義和創傷的根源之前，為了保護你，讓我們暫停一下，先瞭解心理治療領域的一些新觀點。

在辨識傷害你的人之前：關於二度創傷的提醒

當我撰寫這個主題時，有一派心理治療學者有這樣的說法：不應要求個案重新經歷創傷事件，讓這些事件彷彿就在他面前再次展開一般。當他的生活繼續前行時，不需要再次揭露過去的創傷，而是要幫助他找到可以遠離過去創傷的調適方法。重回創傷事件會耽擱個案邁向全人修復之旅。

這個建議確實適合某些情況，例如：有人因為車禍肩膀受傷需要接受整形外科手術，假如醫生花很多時間要病人詳述車禍的經過，這會導致病人的焦慮。如果外科醫生詢問病人，當她看見另外一輛車衝向她時，發生了什麼事？面對這衝擊時，她的反應為何？被撞的那一刻，她的心理狀態為何？病人針對這些不適切問題所給予的任何回答，都無助於受傷肩膀的治療。這類的探詢是浪費時間，不僅無助於肩膀的治療，反而會使病人經歷二度創傷。真正需要的是檢查受傷的肩膀。

醫生在診斷時，確實需要瞭解肩膀是如何受傷的。是在家裡要拿罐子時，肩膀突然感到劇烈的疼痛？還是發生了什麼意外？是摔倒了嗎？醫生必須知道，是因外力所致，還是長期的磨損才導致今日只是伸手拿罐子就受傷。知道病人是「如何」受傷，可以幫助醫生給予適切的治療。（例如：相較於近期外力所致的傷，肌腱磨損的傷比較難藉由外科手術治療。）

部分的診斷需要確認病人的肩膀目前可做哪些動作，以及不能做哪些動作。這需要透過一些嘗試性的運動方能得知，例如：先前舉，然後側舉。診斷過程中，當醫護人員對受傷的手臂施加壓力時，舉起手臂的活動必然會造成病人的疼痛。

你是否瞭解回憶事件發生的詳細經過，和檢視傷口是如何造成及其後續的影響之間的實質差異？問病人肩膀是何時和什麼情況下受傷，以及藉由測試手臂的力量和可活動範圍確認其後續的影響，這和請病人回憶車禍發生的詳細經過，兩者是截然不同。是的，從說明那是一場車禍所致、關於手術的解釋（如果需要的話），以及之後幾個月的復健，在這整個診斷的過程中，可能會產生一些情緒創傷。但是，這些都不能被歸類為病人的二度創傷，因為醫生只是做必要的基本評估。

在我們現在所要做的練習中，你不需要清楚地回憶過去發生了什麼事，你只需要指出你所經歷的不義。畢竟，如果你無法將所發生的不義和行為者連結，你就無法確認該寬恕誰。同樣重要的是，你必須清楚不義對你所造成的後續效應，也就是對方那樣對你所造成的影響，如此，我們才能判斷寬恕這個人是否極其重要（從心理學的觀點而論）。如果某人對你所造成的傷害僅是輕微的創傷，那麼我們就轉向另一個傷你很深的人，那個傷嚴重到你需要寬恕的手術才能治癒。

這是確認你需要哪種照護的必要步驟，如同前述關於肩膀受傷需要手術的例子，你需要的照護可能比你想像的還少。另一方面，如果傷害所導致的症狀是嚴重的，你肯定需要持續的心理復健，才能使症狀減緩，以便能處理真正的問題根源。

另一個重點：因為寬恕是一種美德，寬恕任何以不義待你之人總是好的，無論其是否對你造成很深的傷害。為什麼？因為美德本身就是良善，值得我們隨時隨地實踐它，只因它是好的。

提醒 23　寬恕本身就是良善。

提醒 24　依據心理學的觀點，寬恕是值得我們投入的好習慣，因為它可醫治受創傷的人。當我們關注的是不義所造成的影響，以及希望從中獲得療癒，這並不會使寬恕變成是一種自利的行為。

辨識那些傷害你的人

如果想知道該寬恕誰，你就必須仔細檢視你從童年到現在所認識的人。我知道這要花很長的時間，但是，你真的需要仔細檢視，才能精確地挑選出真正毀壞你心的人。

讓我們先探究可能做出傷人行為之人的類別。這不是一個詳盡的清單，它只是一個起點，倘若你發現傷你之人無法歸入當中任何一類時，請自行在清單上增列新的類別。

練習一 誰傷了你？

在這個練習中，你的任務就是閱讀接下來的內容，依據父親、母親、手足、同儕、老師、伴侶、上司／同事、你的兒女、你自己、你所屬的社群，以及你的族群、種族和其他形式的偏見等類別，回答下列問題：

I. 這個人是否以不義待我？也許是藉著權力宰制我，或是不愛我？是或否？

II. 如果這個人確實以不義待我，其不義的行為或不義的形式有多嚴重（其行為是否是一種習慣）？你可以給每個人一個等級分數：

1. 極輕微的傷害
2. 輕微的傷害
3. 中等程度的傷害
4. 嚴重的傷害
5. 極嚴重的傷害

III.當你思考心中所有的痛苦時，這人所造成的痛苦程度為何？你可以這樣評估：

1. 極輕微的程度
2. 輕微的程度
3. 中等程度
4. 嚴重的程度
5. 極嚴重的程度

父親

你是否被你的父親所傷？父親可以透過權力損毀你的自信。你父親的行為會影響你與男性之間的成人關係，例如：破壞信任、難以建立友誼關係。你父親的行為也會影響你的靈性或信仰生活，如果你的信仰是以父親的形象譬喻神，其影響就更大了。只要列出你所經歷的不義或不義的形式，但不要沉浸在其中。當某人對你的不義是透過難以計數的個別事件形成一種全面性的傾向時，你可以為此寬恕這個人。你父親的單一或一連串的行為傷你有多深？你是否想過，父親給予你的感受已經對你的內心世界造成負面的影響？

母親

回答這三個同樣的問題：你是否被你的母親所傷？你母親的單一或一連串的行為傷你有多深？你是否想過，母親給予你的感受已經對你的內心世界造成負面的影響？我們從一些個案研究中發現，母親如果無法與年幼的孩子建立健康的依附關係，就會破壞孩子的信任感，導致孩子在成年之後，難以與人建立愛的關係。

手足

如果兄弟姊妹中不只一個人傷害你，請逐一列出他們的名字，然後針對每一個人，回答下列三個問題：

你是否被 [手足的名字] 所傷？[手足的名字] 的單一或一連串的行為傷你有多深？你是否想過，[手足的名字] 給予你的感受已經對你的內心世界造成負面的影響？手足所造成的傷害會導致成人階段人際關係的衝突。閱讀舊約聖經中約瑟的故事可以帶給你一些洞見。

同儕

同儕間的霸凌行為會傷害我們的自我形象和自尊。受傷的自我形象會伴隨著我們進入成人階段。回想前述 Christopher 的案例，在他接受治療之前，他的一切生活都是為了想要補償自己學生時期所遭受的同儕霸凌。

如果傷害你的同儕不只一個，請逐一列出他們的名字，然後針對他們每一個，回答下列三個問題：你是否被 [同儕的名字] 所傷？[同儕的名字] 的單一或一連串的行為傷你有多深？你是否想過，[同儕的名字] 給予你的感受已經對你的內心世界造成負面的影響？

老師

那些傷害學生的老師，通常會損毀學生作為一個學習者的自我形象，這些年輕人會開始對自己說：「我是蠢蛋」、「我是壞學生」、「我不合群」。如果這些聲音不斷地在你心中環繞，你當問自己：「我**真的**是……蠢蛋、壞學生或不合群嗎？」我們會在金鑰 4 依據這類經驗，談談關於自我形象的問題。現在你只要針對求學時期的師長，以及所有與你求學經驗有關的人（像是你的教練）回答這三個問題：你是否被[老師／校長／教練的名字]所傷？[老師／校長／教練的名字]的單一或一連串的行為傷你有多深？你是否想過，[老師／校長／教練的名字]給予你的感受已經對你的內心世界造成負面的影響？

伴侶

傷我們最深的經常是那些曾經承諾會愛我們，但卻背叛那個承諾的人。有時，那個傷害我們的人是曾受到他母親或父親的傷害，轉而將那傷害加諸在我們身上。有時，你就是那個曾遭受（而且持續受到）自己的母親或父親傷害的人。換言之，這個傷害是之前創傷的延伸，也許是來自童年時期的創傷。仔細想想，那些曾經對你不義、傷你極深，並且導致你今日內心混亂的伴侶：你是否被 [伴侶的名字] 所傷？[伴侶的名字] 的單一或一連串的行為傷你有多深？你是否想過，[伴侶的名字] 給予你的感受已經對你的內心世界造成負面的影響？

上司和同事

職場是權力角力的沃土，你常會因他人的權力宰制而受傷。一個獨裁的上司可能將其父親帶給他的創傷加諸在你身上。當然，並非所有蠻橫的上司都曾受過父親的創傷，但是很明確地，這是具殺傷力的權力進入職場的途徑之一。有時，同事間會因壓力太大，而做出不顧他人感受的行為。你是否被 [上司／同事的名字] 所傷？[上司／同事的名字] 的單一或一連串的行為傷你有多深？你是否想過，[上司／同事的名字] 給予你的感受已經對你的內心世界造成負面的影響？

你的兒女

孩子們可能帶著內心的創傷成長，然後將他們所受的創傷加諸在老一輩的身上。他們的創傷可能來自同學、老師、上司或父母其中之一。這些創傷會使你的兒女以不義的行為待你。你需要勇氣才能看清這個問題，並且誠實地回答：是的，我的兒子／女兒傷了我。請鼓起勇氣，回答這三個問題：你是否被 [兒女的名字] 所傷？[兒女的名字] 的單一或一連串的行為傷你有多深？你是否想過，[兒女的名字] 給予你的感受已經對你的內心世界造成負面的影響？

你自己

是的，你也可能會傷害你自己。我會在金鑰 7 詳盡地論述這個主題。你現在只要將你自己視為傷害你之人，然後回答這三個問題：你是否被你自己所傷？這單一或一連串的行為傷你有多深？你是否想過，這些想法和行為給予你的感受已經對你的內心世界造成負面的影響？

你所屬的社群

我們歸屬於許多不同的社群，例如：居住的社區、城市和信仰團體。在這些不同的社群中，是否有人以不義的態度對你，使你受到創傷，也許還導致你的內心壓力？針對你所屬的不同社群，回答這三個問題：你是否被[社群的名字] 所傷？[社群的名字] 的單一或一連串的行為傷你有多深？你是否想過，[社群的名字] 給予你的感受已經對你的內心世界造成負面的影響？

你的族群、種族和其他形式的偏見

在前述Janice的案例中，我們瞭解到社會規範如何成為傳遞嚴峻和不當訊息的途徑。你可能就是當中的受害者。如果真是如此，為了檢視它們對你造成傷害的程度，請針對你身處的社會及你身在其中的感受，回答那三個同樣的問題。這是最難以衡量的領域，因為沒有一個特定的人對你怒目相視，可是你確實感受到那種社會規範的存在。倘若你確實感受到這類的傷害，請依據你所感受到的社會偏見，回答這三個問題：你是否被[社會偏見的類型] 所傷？[社會偏見的類型] 的單一或一連串的行為傷你有多深？你是否想過，[社會偏見的類型] 給予你的感受已經對你的內心世界造成負面的影響？

不歸屬於前述清單的加害者

還有哪些人傷害你？請逐一列出，即使你不知道這個人的名字。你也許是闖空門或是武裝搶劫事件的受害者，即使你不知道那個人的名字，也看不清那張臉，但你的腦中卻可以清楚看見那個人。仔細檢視，到目前為止，你因這經驗承受多深的內心混亂：你是否被 [指出對方的名字或描述其樣貌] 所傷？[指出對方的名字或描述其樣貌] 的單一或一連串的行為傷你有多深？你是否想過，[指出對方的名字或描述其樣貌] 給予你的感受已經對你的內心世界造成負面的影響？

誰傷你最深？

仔細檢視練習一中你所列出的清單，將清單上的每一個人在第二和第三個問題的得分相加，看看哪一個人的得分最高？在這個練習中，獲得最**高分**的人並不會得到一個金色星星。但他、她或他們將會是你在下一章中要寬恕的人。請鼓起勇氣，依據他們傷你的程度排序，從傷你最深的開始依序排列，直到對你所造成的傷害相對來說是最微乎其微的。這是你在下一章練習寬恕時會使用的清單。

為了幫助你更深入瞭解，寬恕是否是你自我療癒之所需，讓我們更進一步檢視你的心理創傷程度。你所承受的傷痛愈深，寬恕的操練就愈重要，這至少是為了你的情緒治療。

探索你的內心世界

本節旨在以溫和的方式，幫助你檢視七種可能導致你內心受創——或者說是你內心混亂的根源。我們在金鑰 1 的章節中，探討為什麼寬恕很重要，以及寬恕所產生心理益處時，已經大致介紹過，接下來你將會以不同的方式再次探索它們。它們可能適用你的情況，但也可能無法直接應用於你的情境。

首先你必須瞭解，內心有創傷，沒有關係，因為內心的創傷不會使你成為一個壞人，或使你比其他人還低劣。**所有的人**在生命中的某些時刻，都曾受過創傷。如果我們在你家附近一英里的範圍內進行一個民調，大概有 90% 的成年人會告訴你，他們此刻正背負著需要被醫治的內心創傷。所以，你並不孤單。

我們在本章所要探究的七種內心創傷，並不完全是因他人的不義所導致的。但是，覺察你所經歷的不義與我們接下來要探究的主題之間的關聯性，也許可以提供你深刻的見解。例如：如果你會焦慮，卻不知道焦慮的原因，你可能就會出現一些消極的自我中心的想法，像是「我是個軟弱的人」、「我讓太多的事情攪擾我」或「我到底是怎麼了？」如果你無法在減少焦慮和寬恕某些人之間建立連結，那麼你可能就無法使你的情緒創傷獲得最佳的照護。在心理治療領域，寬恕是長期被忽略的重要元素，所以有些心理治療師會錯過這一點。

當你準備就緒，就可以探索這七種內心創傷中的第一種。

焦慮

每個活著的人都曾感受過焦慮，焦慮的程度從內心略感不安，到嚴重地感到恐慌。焦慮是令人極為厭惡的一種情緒，因為它會破壞你內心的平靜。你是否感到焦慮？或者只是一種攪擾的感覺，對你並不構成問題？如果你感到焦慮，它是普遍存在的一種感覺，還是針對特定的人、地點、工作／任務／職業所產生的情緒？當我們被某人所傷，即使是以某種特定方式所傷時，我們會因信任感遭到破壞而產生普遍性的焦慮，那是一種廣泛而模糊不清的感覺。那個人偷走了我們的安全感，使我們活在隱約的恐懼中。如果你感到焦慮，它是否是輕微的、只是偶爾出現，並不會對你產生干擾？還是略微嚴重些，但仍然不會干擾你？抑或是已經妨礙你的正常生活，影響你的睡眠品質、耗盡你的精力，使你無法專注？焦慮是否已經破壞你的幸福感？如果焦慮已經對你的生活產生干擾、扼殺你的幸福，你需要為你自己的幸福健康，處理這個問題。

你將會明白，我們處理的對象不是焦慮本身。寬恕是以傷你之人為對象，而且當你以仁慈、甚至是愛的美德寬恕對方時，你的焦慮感就可能減輕。現在請先深呼吸，放鬆你的身體，當你寬恕那個導致你焦慮的罪魁禍首時，焦慮就會降低。

憂鬱

憂鬱是一種惡劣的心境，使人感到疲憊，且對所有原本喜歡的活動失去興趣。憂鬱的程度可以從很輕微的哀傷，嚴重到深切地失去自我價值感。

憂鬱不像焦慮那樣明顯。憂鬱是一種心情，心情持續的時間較感覺持續的時間長。憂鬱是令人極為厭惡的一種心情，它會攪擾你的內心世界，嚴重的時候，甚至會影響你日常生活的正常運作。你是否覺得自己罹患憂鬱症？或者只是一種攪擾的心情，對你並不構成問題？如果你懷疑自己罹患憂鬱症，你最好找心理衛生照護專業人員為你做個評估。如果你感到心情低落，這是一種常態，令你對生活感到沮喪，抑或是與特定的人、地點、工作／任務／職業有關？有時，當我們被某人所傷，即使是以某種特定方式所傷時，我們會產生普遍性的憂鬱感，那是一種廣泛而模糊不清的感覺。如果整天都是處於憂鬱的心情，而且每天都是如此，甚至已經持續超過兩個星期，依據心理衛生照護專業人員的診斷，這可能是嚴重的憂鬱。嚴重的憂鬱可以透過藥物治療。我建議專業人員不要只停留在症狀診斷階段，而要協助處理導致憂鬱的問題根源。

如果你感到憂鬱（而且不是那種大多數人偶爾都會有的短暫惡劣心情），它是否是輕微的、只是偶爾出現，並不會對你產生干擾？還是略微嚴重些，但仍然不會干擾你？抑或是已經妨礙你的正常生活、影響你的睡眠品質、耗盡你的精力，使你無法專注？憂鬱是否已經破壞你的幸福感？如果憂鬱已經對你的生活產生干擾、扼殺你的幸福，你需要為你自己的幸福健康處理這個問題。再次提醒，如果你感到極深的憂鬱，且已經持續兩個星期或超過兩個星期，請尋求專業的協助。當前的藥物治療已能有效減緩憂鬱的症狀。請牢記，如果是因為心理因素而導致的憂鬱，單靠藥物治療是不夠的，你必須找到問題的根源才能徹底治癒。有人認為憂鬱是大腦神經傳導物質失衡所致，因此無法根治，只能用藥物控制。我不同意這種觀點，如你所知，科學證據顯示，走出亂倫創傷的婦女，於寬恕那些性侵她們的人之後，她們的憂鬱症狀不只是減輕，而是完全消失。即使在寬恕治療結束之後又經過十四個月，憂鬱的症狀仍未再出現。

不健康的憤怒

我們在金鑰1討論過不健康的憤怒的普通涵義。不健康憤怒的特徵是個人內心持續擴大的強烈怒氣。想像一下，星星之火及隨之而起的火焰；不健康的憤怒就像心中持續燃燒的火焰（或至少是經常被點燃的火焰）。現在是該檢視你憤怒模式的時候，以確認是否是不健康的憤怒。如果有人讓不健康的憤怒常駐心中，而且強度不斷增強，那種憤怒簡直就是一種需要治療的疾病。我從未見過醫療專業人員將不健康的憤怒視為一種「疾病」。或許有人見過，只是我恰好從未見過罷了！一旦憤怒變成不健康的憤怒，就只能暫時降低其憤怒的程度，因為憤怒已經佔據整個人的身體，影響他的所有生活層面。

活在長期的、不健康的憤怒中數個月，甚至數年，會衍生出嚴重的焦慮或憂鬱。如果你心中有不健康的憤怒，仔細思考一下，不健康的憤怒可能已經進一步導致需要專業協助才能解決的心理併發症。專業文獻已指出，嚴重的焦慮和憂鬱經常伴隨著持久而強烈的憤怒。我們專為心理醫師、心理師和其他助人專業工作者所寫的 *Forgiveness Therapy* 一書中，Fitzgibbons 醫生和我指出憤怒和其他攪擾的情緒、心情之間的關聯性，以及如何藉由寬恕先減少憤怒，然後處理因不義所導致的其他令人憂心的影響。寬恕是逆轉不健康憤怒疾病的有效解毒劑。如果不健康的憤怒已成為你生命的一部分，那麼寬恕可以將之除去，恢復你的正常生活。

請以探究焦慮和憂鬱的相同問題檢視你的憤怒。如果你心中有憤怒，它是否是輕微的、只是偶爾出現，並不會對你產生干擾？還是略微嚴重些，但仍然不會干擾你？或者憤怒已經妨礙你的生活、耗盡你的精力，並且破壞你的人際關係？憤怒是否已經破壞你的幸福感？如果憤怒已經對你的生活產生干擾、扼殺你的幸福，你需要為你自己的幸福健康處理這個問題。

缺乏信任

若不公的待遇使你喪失對人的普遍信任，它就是一種傷害。當伴侶關係中的其中一方決定結束這段關係時，另一方就必須小心警戒，不要因此下定論：「沒有一個男人是值得信任的」，或是「所有的女人都是自私的」。你是在某些特定領域失去信任感，抑或是對所有人失去信任感，取決於你遭受什麼樣的不公待遇。被教練要求退場的青少年可能會認為，所有的教練都是卑鄙的小人。然而，如果運動是這個青少年生活中極為重要的一環，他可能會推斷：「所有的人都會做愚蠢的決策，那些愚蠢的決策會傷到我，因此，我必須提防每個人，免得他們在我背後捅我一刀。」

因之前的傷害而導致的缺乏信任感，在經歷漫長的時間之後，仍可能會阻礙你建立健康的人際關係。即使對方是一個非常好的人，你也可能會對這段新關係感到焦慮。這是因為你會將前一段關係所致的創傷帶入這段新關係中，直到你勇敢地處理被毀壞的信任感。

在前段談論缺乏信任感的敘述中，我使用了**焦慮**這個詞，這是因為我們在此所討論的不是一個封閉性的問題。強烈而持久的焦慮與憂鬱具關聯性，而憂鬱會導致缺乏信任感。因為它們是相互關聯的，所以，這些症狀可能會同時出現。

和之前一樣，讓我們問自己同樣的問題：如果你普遍地不信任其他人，它是否是輕微的、只是偶爾出現，並不會對你產生干擾？還是略微嚴重些，但仍然不會干擾你？抑或是，不信任已經影響你與其他人之間的關係，特別是那些在你生命中極為重要的人？不信任是否已經破壞你的幸福感？如果不信任已經對你的生活產生干擾、扼殺你的幸福，你需要為你自己的幸福健康處理這個問題。

寬恕本身僅是重建信任的一部分。憤怒可能會阻礙你開始另一段關係，而寬恕可以減輕憤怒。但是，如果你想恢復一段遭不義所毀壞的關係，你必須同時實踐公平正義，要求對方真正地革除之前的傷害行為。

自卑和缺乏自信

在我剛開始研究寬恕時，我對下面的結論毫無所知，但如今我已充分理解，可以滿有自信地與你分享這個結論。因他人的殘酷對待而令你最感厭惡的人，可能是誰？是**你自己**。別人對我們的傷害，最終將使我們厭惡自己，其厭惡的程度甚至可能勝過我們對加害者的厭惡。

我一再地聽到人們說：「我真沒出息。瞧！我是如此地不中用。這種事只會發生在沒用的人身上！」因權力宰制及失去愛而受創傷的人，基本上，會被「他們是毫無價值的」這類暗示或是明示的訊息所洗腦。他們會內化這個負面的訊息，並且錯誤地認定：「我想這大概是真的，我**確實**是毫無價值。」這種想法將使宰制的一方獲勝。

「缺乏自信」和「缺乏信任」兩者雖然不同，卻彼此相關。信任是對外的，針對他人的，最終使我們對他人抱持悲觀的想法；缺乏自信則是使我們對自己抱持悲觀的想法。

你當然不該因另一個人的內心創傷，而變得自卑（不喜歡你自己）且缺乏自信（悲觀地認為自己無法掌控自身的生命發展），那人的創傷不該成為你的內心創傷。本書就是要幫助你擺脫這個關於你是誰和你所能成就的事的謊言。只要仔細想想，你就會發現，那是以另一種形式的不義對待你。第一種形式的不義是那個人對你不公的行為，不公的行為導致這種新型態不義的形成——懷疑你自己。

現在回到我們之前所熟悉的問題，這次提問的焦點是關於你的自尊和自信。如果你的自我價值感低落，它是否是輕微的、只是偶爾出現，並不會對你產生干擾？還是略微嚴重些，但仍然不會干擾你？抑或是持續有一個「我不能……」的內在聲音干擾你的生活？自卑是否已經破壞你的幸福感？如果自卑和缺乏自信已經對你的生活產生干擾、扼殺你的幸福，你需要為你自己的幸福健康處理這個問題。

消極的世界觀

我們在此所要討論的是你的生活哲學。人的核心本質是什麼？大多數人，包括你自己，是否都是自私的？這世界是否還存在著愛？你和其他人是否已經無法給予這世界更多的愛？你為何活在這世上？

這些問題構成你對這世界、這世界的運作，以及人類本質的理解。曾被殘酷對待的人們容易在不知不覺中陷入悲觀主義，他們總是看到玻璃杯裡只剩半杯水，而不是還有半杯水。這類世界末日的想法會導致焦慮、憂鬱、不健康憤怒、不信任和自卑。換言之，有人嚴重地傷了你，引發你的憤怒反應，經過一段時間，憤怒更加深且導致沮喪，甚至是憂鬱，沮喪和憂鬱使你的自我形象遭到貶抑，深化你的悲觀思想或消極的世界觀。被強化的悲觀思想回過頭使你的怒氣更加強烈……你變得更加憂鬱……結果是，你愈陷愈深。我們必須終止這種向下沉淪的循環，我們可以藉著切斷不健康的憤怒，或停止跟隨厭世的世界觀；或是先透過藥物治療處理焦慮和憂鬱的症狀，使你有精力和清晰的頭腦，能夠停止繼續陷入會摧毀你的悲觀主義。你是否清楚看見，我們需要在許多地方正面迎擊不健康的憤怒？寬恕可以從你人生旅程中的任何一處（不健康的憤怒處境，或憂鬱的處境，或悲觀的世界觀）切入，為你和你所愛的人終止那段旅程。你所愛的人將會獲得一個禮物——一個「全新的你」。

提醒25 你可以藉由寬恕戰勝生命中因不公的待遇所造成的負面境遇。

讓我們再次思考在本節中討論其他重要議題時所問的同樣問題，如果你的世界觀是消極的，它有多消極？它是很輕微的，也許還融合著更真實的想法——這世界還有好人？抑或是這消極的世界觀已經妨礙你的生活品質？如果消極的世界觀已經對你的生活產生干擾、扼殺你的幸福，你需要為你自己的幸福健康處理這個問題。

另一個自信的問題：欠缺戰勝負面思考的自信

當你因受虐而喪失力量，而且可能是帶著沮喪閱讀本書時，也許你正對你自己說類似這樣的話：「在目前的困境中，我找不到任何的出路。」這也是一個使你繼續屈服於他人權力宰制的漫天大謊。沮喪會阻礙「我能夠改變，以及我會改變」的自信之發展。欠缺這種自信會使你屈服於他人的權力宰制。這絕對不是你所想要的。試著改變你的步伐，抵擋「你無法逃離困境」的謊言，即使你現在還**感受**不到那種自信。你要有自信，你能夠且一定會克服缺乏自信。寬恕的力量能夠幫助你獲得治療。

練習二 檢測你的內心世界

針對下列七個陳述，依據你的實際狀況，在五點量表上選出與你的狀況相符的等級分數。

1＝沒有

2＝有一點

3＝中等程度

4＝蠻大程度

5＝嚴重程度

1. 我會焦慮。
2. 我會憂鬱。
3. 我心中存有不健康的憤怒。
4. 我不信任其他人。
5. 我不喜歡我自己。
6. 我的世界觀是消極的。
7. 我不認為自己能夠克服內心的創傷。

如果你在上述任何一個陳述的自我評估分數是 4 或 5，那麼你需要透過寬恕的歷程醫治你的內心世界。總計分數從最低分的 7 分到最高分的 35 分。誠如你所知，總得分愈高，表示你的創傷影響的層面愈廣。若你在焦慮、憂鬱、不健康的憤怒和自尊的各項得分皆是最高的 5 分，而且這些症狀是持續的並會干擾你的日常生活運作，我建議你應該考慮尋求專業協助，以消除那些症狀。請保留你的得分記錄作為後續之用，我們會在金鑰 8 再做一次評估。

我們從何處開始？誰需要被寬恕？

你將會在下一章開始操練寬恕一個傷害你的人，他對你所造成的傷害足以讓你認定寬恕的重要性。從你在本章的練習中，挑選出一個傷害你的人，但不是傷你最深的人，因為如果一開始就從傷你最深的人著手，可能會使你難以跨出第一步。為確保這個練習對你是有意義的，請重新檢視你在本章練習一所列的清單，從中挑出一個，當你想到他時，你的情緒痛苦指數是高居前幾名的。記住，當你在進行金鑰 4 的練習時，無論何時，你感到被擊潰時，請暫時放下此書，休息一下，和朋友聊聊天、放鬆一下，給予自己重新振作的時間。如果你覺得自己無法繼續這趟旅程，請記住，我和其他人會在我們的官網（www.internationalforgiveness.com）回答你的問題。如果你覺得需要和諮商師或治療師談談這個人或其他人帶給你的內心創傷，我鼓勵你去找諮商師或治療師協談。有時候，內心的創傷需要專業照護，我鼓勵你認清這一點，並且尋求適切的協助。瞭解自己需要協助是一種勇氣，而不是什麼可恥的事。

那麼，誰是需要被寬恕的人？列出他的名字，以這人作為你在金鑰 4 和金鑰 5 操練寬恕的對象。之後，再從金鑰 3 的清單中挑選出其他的操練寬恕對象，重複此歷程直到你覺得自己已準備好寬恕傷你最深的人。因為要寬恕傷你最深之人最具有挑戰性，我建議你先閱讀金鑰 6〈難以寬恕之時〉，然後藉著反覆金鑰 4、金鑰 5 和金鑰 8 的操練，嘗試操練寬恕他。這些前置作業應該有助於你寬恕對方。

最後一個提醒，我們在金鑰 4 將不會再次談到本章所討論的，關於不義所導致的七種影響——內心混亂的根源。在寬恕治療歷程中，治療師不會聚焦在情緒的混亂（除非有立即處理的必要，例如：需要藥物治療），而是會邀請個案，跨越他自己的限制，去接觸加害者。我們的科學研究顯示，此仁慈的接觸將開啟你的情緒療癒歷程。但是，我們會在金鑰 8 再次回顧這七種不義的影響，及內心混亂的根源。

我們現在要開始培養寬恕的心智。

金鑰 4

培養寬恕的心智

這世界是一個如此令人受傷的地方。文明世界要每個人彷彿未曾受過傷地活在群體中。但是，寬恕的心智卻要我們看見隱藏於流行潮流與強顏歡笑背後那顆正在淌血的心。

我們現在要透過大腦的操練，以鍛鍊寬恕的體魄。你已在前一章的練習中，辨識出你內心的痛苦與混亂的根源，接下來就是要為寬恕預備你的心智。你必須使用金鑰 4 開啟**寬恕心智**（mind of forgiveness）之門。但是，這個房間不是體育館，而是你的日常生活場域。你要鍛鍊你的心智，使你能夠以新的觀點看待傷你之人。你將會深入探究傷你之人的生命，使你能夠更清楚地看見他身上的創傷。這種思維方式的改變，有助於學習如何寬恕。

正當你鍛鍊寬恕的心智時，你也許有興趣知道，有一群義大利的神經科學家們已經開始標記，寬恕思考與大腦哪個區塊的反應相關。2013 年 Pisa 大學的 Emiliano Ricciardi 博士及其研究團隊，在 *Frontiers in Human Neuroscience* 期刊發表他們的研究成果。他們發現，當人們在虛構情境中（基於研究需要而虛擬的情境，不是研究參與者個人的真實經驗），順利地想像自己寬恕某人時，研究參與者「大腦的楔前葉、右側頂下葉區和背外側前額葉皮層」就會出現活躍的狀態[9]。其他的研究也發現，當人們展現同理心時，此區塊的大腦網絡也會出現活躍的狀態。在鍛鍊大腦的這個區塊之前，我們先研讀一個個案研究。

---

9 Ricciardi, E., Rota, G., Sani, L., Gentili, C., Gaglianese, A., Guazzelli, M., & Petrini, P. (2013). How the brain heals emotional wounds: the functional neuroanatomy of forgiveness. *Frontiers in Human Neuroscience, 7*, article 839, 1-9 (quotation is from page 1). doi:10.3389/fnhum.2013.00839

為與傷你之人相遇暖身：個案研究

Harold 和他的姊妹 Nadine 生長在一個雙親家庭，他們的父親是公設辯護人。父親花很多的時間努力地為那些無力負擔法律諮詢的人辯護，但他的客戶通常不僅不會感謝他的努力，而且，如果法院的判決與他們的想法相左，他們就會責怪他，讓他一再地受挫，並且滿懷怨恨。

Harold的母親有一個專橫的母親，她是個有強烈焦慮感和控制慾的人。Harold的母親在心理上承襲了她母親的焦慮，但沒有繼承她母親藉由嚴格控管每件事以降低焦慮的特質。Harold 也「承襲」**他的**母親的焦慮。

Harold 在幼年時期，焦慮早已存在他裡面。他在學校的課業表現並不佳，且個性內向、害羞，而成為被霸凌的對象。童年時期的 Harold 就已經為自卑所苦。青少年和青年時期的 Harold 也因太害羞而不曾和人約會，以致於他在成年之後還需要學習這些其他人早就學會的技巧。發展遲滯的問題強化他的低自我價值感。他與焦慮的奮戰令他開始感到憤怒，但是，他從未想過，自己的焦慮和父親工作上的挫敗，以及母親患有嚴重焦慮之間具有關聯性。

在一連串與女性交往失敗的經驗之後，Harold的怨恨達到頂點。於是，他開始以約會作為滿足其生理需求的手段。他不尊重女性，如同他學生時期其他同儕不尊重他一般。他後來和Patricia結婚，兩人育有一子Ethan，然而，這段婚姻最終仍告失敗。Harold婚後仍持續有極強的自我中心行為，甚至出現婚外情，這段變質的婚姻關係最終以離婚收場。他們離婚時，Ethan才 9 歲。

Ethan 成年之後，也出現普遍性的焦慮徵兆，他向心理治療師尋求協助，希望能克服焦慮。Ethan 對父親離開家庭非常憤怒，他看到的盡是父親的缺點。治療師建議他更深入地瞭解父親的人格特質，但這麼做只是讓Ethan的憤怒更為強烈。他是在尋求支持自己憤怒的理由，同時要證實他的父親是個不義之人。

之後，治療師突發奇想地認為，Ethan 應該開始從更廣的視野瞭解他的父親。於是，Ethan 和他的姑姑 Nadine 一起開始從另一個角度檢視 Ethan 的父親，其結果令他感到十分驚訝。他瞭解到 Harold 被他父親因工作挫敗所致的苦毒，以及他母親嚴重的焦慮所傷害；也瞭解到 Harold 童年時期的掙扎，以及對自我的懷疑。Ethan 觀察到一種特定形式的焦慮情緒——似乎是一種遺傳性的缺點，他、他的祖母及父親都有類似的焦慮情緒。當Ethan瞭解父親的所有掙扎之後，他有更強的動機，為著父親與母親離婚，以及父親在他的成長過程中是個缺席的父親而寬恕父親。Ethan 如今所看到的不是一個邪惡的男人；他看到的是，Harold這個男人雖然做了一些非常不好的選擇，但這些不好的選擇並沒有減損他身為人的價值。他的父親雖然帶著創傷與混亂，但他仍然是一個人，就像 Ethan 自己一樣。這些洞察幫助 Ethan 降低他的怨恨，使他的心理變得更健康，使他的生活得以繼續前進。這些深刻的洞察與寬恕的結合，幫助他獲得情緒治療。

培養寬恕心智的準備步驟

確實完成金鑰 2 中的任務，鍛鍊出寬恕的體魄，對本章的練習十分重要。如果你對自己的寬恕體魄尚無信心，請再多花一些時間做金鑰 2 中的練習，直到你能夠透過愛的鏡頭看這世界。

這個歷程的第一步，就是藉著一系列的練習認識傷害你之人，也就是你在前一章所挑選的寬恕人選，聚焦在其童年的生活，然後，慢慢地延伸至其整個生命歷程，使你得以藉由思考一系列的問題，擴展你對他的理解。你不可能精確地回答所有的問題，你只要盡你所能地根據你所掌握的資訊回答即可。

做練習時，你需回到這個人遙遠的過去，看到孩提時候的他。此處的重點不是虛構這個人在孩提時候發生過什麼事，而是就你對「人」的理解，思考這個傷你之人，他作為一個「人」所隱含的意義。此外，你也需要投射到未來，想像這個傷你之人未來可能的樣貌。再次提醒，這個步驟不是要你捏造故事，而是依據你所觀察與經歷的第一手資料，想像他若是依然如故，其未來的結果可能會如何。

練習一　想像這個人的嬰孩時期

想像這個傷你之人是個剛出生的嬰兒，一個天真無邪的小嬰兒，即將面臨許多挑戰。他無法靠自己的力量翻身（注意：如果傷你之人是個女性，請在這個步驟以女性代名詞取代男性代名詞），無法餵食自己，也無法滿足自己的任何需求。

這個人是出生在什麼樣的家庭或是情境中？這個家是否充滿了愛？你如何得知——你有何證據？這個無助的嬰孩是否需要許多的愛與照顧？假如他沒有得到足夠的關愛，結果會如何？缺乏關愛會如何影響他與母親之間的情感依附？數十年來的研究發現，如果嬰兒無法獲得主要照顧者的關注與愛，則最為重要的情感依附就會遭到損害。依據心理學的觀點，情感依附之於一個嬰孩發展成為一個完全且健康的人是有益且必要的。如果因照顧者無法針對嬰孩的需求給予良好的關注，而使得情感依附變得薄弱，那麼，其對人的信任感就會遭到破壞。誠如我們所知的，缺乏信任是痛苦的，它會妨礙一個人與其他人親近。當這個小嬰孩逐漸長大成人時，缺乏情感依附會使其陷入孤寂和衝突中。

你對於這個嬰孩的情感依附情形瞭解多少？你可以詢問誰，以獲得洞察？這個人身上有何跡象能幫助你瞭解他是如何被養育的？他的父母是否有時間陪他、和他一起玩、教養他，而且是甘心樂意的？倘若不是，那麼這個嬰孩從出生的那一刻就已經歷心理創傷。這並不意味著你現在應該諒解這個人加諸於你的不義。然而，這**意味著**這是這個人的生命故事的一部分，而且是你應該要記下來的。

練習二　想像這個嬰孩與生俱來的價值

想像這個傷你之人，當她還是個嬰兒的時候（注意：假如傷你之人是個男性，請在這個步驟以男性代名詞取代女性代名詞），看著躺在搖籃裡的她，擁有這世上所有的可能性。她要的不多，只想被愛和滿足自己的基本需求。此刻的她，未曾在她短暫的生命裡傷害過任何一個人。此刻的她，擁有和世上所有人類一樣的人性，因此，我們可以說，她擁有與生俱來的價值，我所謂的「與生俱來的價值」是指，她的價值是固有的而非贏得的。她擁有這與生俱來的價值與她的肢體是否健全無關；她的睡眠和飲食習慣也與她的特殊性、獨特性及不可取代性毫無關聯。與生俱來的價值涵蓋這些屬性：特別的、獨一無二的及不可取代的。

再次想像這個躺在搖籃裡的嬰孩，看著她，對著她說：「這個小嬰孩擁有與生俱來的價值。」

練習三 想像這個人是個兒童

你對他的童年瞭解多少（注意：假如傷你之人是個女性，請在這個步驟以女性代名詞取代男性代名詞）？試著去詢問其他人，或者你甚至可以直接詢問他本人，如果那樣做是合宜的。這個練習的核心問題是：他在童年時期受過什麼創傷？記下這些創傷，並且回到前一個練習的情境——一個天真無邪的小嬰兒躺在搖籃裡——想像這些創傷是他所承受的。這個人不該蒙受這些創傷。

現在想像這個孩子跨出他人生的第一步，他滿懷躊躇、恐懼，同時也帶著勇氣跨出這些步伐。學走路是人類共享的征服精神，這個傷你之人正展現那種勇氣的精神，以及成長的需求。

現在瞧瞧，他與其他孩子（也許是他自己的兄弟或姊妹）在一起時所經歷的第一個挫折。可能是因其他孩子的自私、沒耐性，甚至是肢體暴力所導致的手足間的挫折。是的，孩子們很快就會從這些挫折中恢復，但是，如果這類的傷害經常發生，創傷可能會被深藏於心。你是否握有任何證據可以證實，這個孩子曾遭到其他想操控一切之孩子的不友善對待？

你知道他的父母是如何對待他的嗎？是否有任何不易察覺的輕視或批評深入他的內心，使他受到創傷，而這創傷在他成年之後仍然存在，並且將之加諸於你？你是否覺察到他的父母可能是非常嚴苛的人？這個孩子是否遭受遺棄？如果是，這可能是所有對人心的打擊中最殘酷的一種，是極為不公平的，而且可能是導致數十年痛苦的根源。

關於他的求學歷程呢？你是否想過，他可能曾被霸凌？霸凌會留下永久性的創傷。霸凌——持續且刻意的貶抑行為——會損毀受害者的自尊。他是否曾被貶抑？想像一下，這個天真無邪的嬰孩，未曾傷害過任何人，如今他在學校所受的待遇，彷彿他是毫無價值的。這不是要寬容這個人對你的不義行為，那些不義的行為無論如何、無論何時都是不對的。這個練習的重點是要幫助你擴展你對這個人的理解。

練習四 想像這個人是正處於青春期的青少年

做這個練習時，請為著瞭解她這個人，試著蒐集關於青春期的相關資訊（注意：假如傷你之人是個男性，請在這個步驟以男性代名詞取代女性代名詞）。青春期的主要任務就是建立個人的身分認同：作為一個人，我是誰；我重視什麼及為何重視。所以此處的關鍵問題是：是否有人嚴重地傷害這個青少年，使她對自我的身分認同感到混淆？如果是，其混淆的程度有多深？她是否已發展出自我懷疑的思維，其程度為何？

青春期的另一個重要任務，是建立堅定的同儕關係，並且開始進入約會的階段。她和同儕的相處是否出現任何困難，使她因此受傷？如果是，請試著具體列出她所遭遇的困難。她會如何描述她自己的自我價值？

在高中階段，那些有操縱傾向的人可能會成為自戀者，或是誇大自我的重要性。我們每個人都很重要，因為我們都擁有與生俱來的價值。但是，人們有時會自以為**他們自己**比其他人更特別、更獨一無二，此時正是自戀得以悄悄地滲入，形成個人的性格之際。當這事發生時，這個人會相信她自己的需求比你的更為重要，其結果可能會導致你們兩人的不幸。

有些青少年正好和自戀者相反，他們因所經歷的創傷而覺得自己比其他任何人還要沒有價值。這種自卑會使某些青少年藉由強烈的憤怒以表達內心的挫折。你可能因傷你之人的自卑及其所衍生之憤怒而成為受害者。

那麼，依據她所受的情緒創傷，這個傷你之人的青春期會是什麼樣貌呢？

練習五 想像這個人是個年輕人

青年期的關鍵任務之一，就是與另一個人建立重要的伴侶關係。誠如你所能想像的，如果一個人將嬰兒期、童年期和青春期的創傷帶入這段新的伴侶關係，衝突發生的可能性是極高的。而且部分的衝突會是因為其伴侶未曾預料到對方會將過去的創傷帶入新關係中，進而承接對方過去的那些創傷所致。最終的結果可能是雙方因自己過去所受的創傷而彼此傷害。

許多找我協談的人都未曾注意到這個問題。他們不瞭解過去的創傷常會被帶入新的伴侶關係中，使得雙方不僅要適應彼此，還要面對彼此心中因過去創傷所致的怨恨。

你的伴侶可能不是如我們所描述的那樣的人。無論是哪一種，想像處於青年期的他是如何成功地或是失敗地走過這階段最重要的伴侶關係。那個伴侶帶給他什麼樣的創傷？他又可能因帶給別人什麼樣的傷害，而使其因對方的反擊受到更多的傷害？

你是否能夠瞭解，這個人心中所累積的創傷使他更加沉重？當你想到他時，你能否看到一個易受傷的人？你能否看到一個慌亂的人？也許你還看到一個受到驚嚇的人。創傷會使人受到驚嚇，使其覺得自己需要自我防衛。這種自我防衛可能引發你們雙方對彼此說出憤怒和苛刻的言詞。再次提醒，這不是否認你所承受的不義。你所經歷的不義，無論何時，都是不義。但是，你仍必須操練大腦相對應於同理心的區塊，使你能夠對傷你之人產生同理心，視對方為一個人、一個需要醫治的人，這是非常重要的。

練習六　想像這個人是個中年人

中年時期的主要任務是對職場有所貢獻，並且教養下一代，無論是養育自己的兒女，或是藉由社會服務和教導，幫助他人的孩子。

當你看到一個人在中年階段被卡住了，無法為他人的福祉做出貢獻，有時，這是因為這個人被她的內心創傷所攪擾，以致於她沒有精力，無法專注地完成她在這個階段所應完成的任務。就如同你因病毒感染而難以專注其他的事一般。情緒創傷也是如此，想像它們就像病毒一樣，會加重人的負擔。

傷你之人是否也可能有這樣的問題？此時你可能會說：「但是那個傷我之人還未進入中年。」如果是這樣，那麼想像一下她進入中年時可能的樣貌，而且她依舊帶著極深的內心創傷。想像中年的她會如何與人互動。這時的她會是怎樣的一個人？

你能否看到許多難處正在前面等待著她？你能否看見，如果她未能獲得協助處理那些創傷，那些創傷可能會發展成向下沉淪的情緒漩渦？如果你能看清這一切，你正給予大腦中激發同理心的區塊一個很好的鍛鍊。接下來要問的是：你可以很具體地為這個傷你之人做些什麼？你如何幫助她，使她進入中年時可以過得比你剛才想像的景況還要好？你是否瞭解，在她容許你接近她，以及她不會傷害你的前提下，你有機會幫助這個人走過成人期的重要階段？

練習七 想像這個人的晚年

觀察人們如何隨年紀增長而轉變的心理學家艾瑞克森（Erik Erikson），他在所著的 *Childhood and Society* 書中提到，老年時期最重要的發展之一，就是他所謂的圓滿（integrity）。「圓滿」基本上是指心理上的健康狀態。艾瑞克森指出，當人進入老年階段時，追求圓滿的任務會與失望或難以改變的悔恨產生衝突。

傷你之人或許尚未進入老年階段，所以，你在此可能需要另一個想像的練習。試著想像傷你之人正接近他生命的晚期，如果他未曾尋求寬恕，他的生命會是一個什麼樣的狀態？試著同理他，想像他內心的痛苦。他因為被內心創傷所掌控，進而將其所受的創傷加諸在他人身上，包括你。你是否能感受到他所背負的重擔？試著看見其內心的痛苦已經成為他生命中的一部分，並且瞭解如今他已經無力改變加諸在你或其他許多人身上的痛苦。你可以感受到他的沮喪和悲痛嗎？花一些時間想像一下這時候的他，看看你對他是否會有些心軟，哪怕只是一點點？

當你準備就緒時，想想看你可以為他做些什麼，使他的晚年不會那麼悲慘？你是否可以讓他看見他自己與生俱來的價值？你是否認為，事實上，他瞭解自己與生俱來的價值？如果他不瞭解，你現在是否可以教導他？那將是你送給他的一份不可思議的禮物。

提醒 26 一個人目前的生活方式，會影響他日後的生活福祉。一個傷人的人可能會在其生命晚年感受到傷害他人所導致的效應。

針對「想像這個人的一生」議題的提問

如今你已對你首先想要寬恕的人的一生有全面的瞭解，接下來是有些個案剛進入寬恕之旅時常問的兩個問題。

問題一

「試著從這些新視野看這個人時，我總覺得自己是在為這個人的傷害行為找藉口。該如何做才不是替這個人找藉口呢？我有時會因為自己對一個有如此嚴重創傷的人生氣而感到愧疚。」

這個問題的關鍵是，這個人有自由意志選擇他要如何處理自己的創傷。沒有任何一個心理學理論或是其他的論述顯示，一個情緒受創的人，他毫無例外地，絕對會出現某些特定的行為，例如，污辱、毆打你或是其他人。我們有許多不同的選擇用以處理我們的創傷。我們必須記住，這個人是在還有其他選擇的情況下，選擇以這些特定的行為處理他的創傷。因此，他必須承擔自己犯下錯誤行為的事實；他的行為**確實**是不義之行。

問題二

針對接下來的這個問題的回覆有點哲學性，如果你不是「唯物論」的信奉者，可以選擇跳過這個部分。然而，倘若你相信唯物論，那麼，此處所討論的概念將會挑戰你對唯物論的信念。以下是個案的提問及針對該問題的回覆：

「我不相信有所謂的『自由意志』，因為近期的研究顯示，大腦中的化學物質失衡會促使某些特定行為的出現頻率高過其他的行為。你同意嗎？例如：假如一個人的血清素很低，這個化學物質的失衡會引發憂鬱的症狀，使人出現典型的嗜睡行為，以及憂傷，甚至是絕望的典型感覺。像這類情況，哪來的自由意志？」

上述因憂鬱而產生的行為和感覺的兩個例子，不同於直接影響他人權利的不道德行為。嗜睡、憂傷，甚至是絕望的感覺，不一定會使這個人出現不尊重他人的行為。如果一個罹患憂鬱症的人做出傷害人的行為，我們可能會比較能理解傷害行為發生的緣由，但我們並不能以低血清素為藉口，放棄正義，設法替其不義的行為開釋。

如果我們單以物質的因素，像是大腦的神經傳導素，解釋人類的所有行為，那麼我們就必須明瞭這些假設將會導致什麼樣的結果，最關鍵的將是使所有的道德概念全數瓦解，例如：「對或錯」、「正義」和「寬恕」，因為這些概念皆意指，他做了一個會影響他人權益的決定。一個人如何能寬恕因大腦功能異常而「無法控制」自己行為的人呢？簡單的答覆就是，在這種情境下，我們甚至不會考慮「寬恕」這個問題，因為寬恕是對自己說：「他錯了，我因為那個錯而受到創傷。但如今我要試著去愛這個行為惡劣的人。」若從唯物論的觀點看這個人的行為，只會得到兩個結論：(1)他的行為完全與道德（刻意的、目標導向、自由意志）無關（因為他沒有自由意志）；(2)被他所傷的人不可能愛他，亦即為他的益處而服事他，因為愛本身就是一種道德美德，而唯物論並無所謂的「道德美德」。若就唯物論的觀點，這一切都是源自於大腦的機制，並非這個受到創傷的人以其自由意志選擇去愛對方。因此，對唯物論者而言，道德語言毫無意義。

瞭解權力對這個人的影響

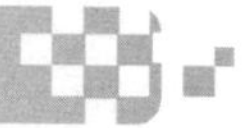

本節的練習要探究權力的世界觀（再次提醒，此處所指的乃是負向的權力**宰制**），對傷你之人的過去和現在可能造成的影響。首先，先回顧兩個對立的世界觀：權力和愛。

以下是十組區分權力和愛的對照陳述，也許這會有助於你寬恕這個人：

權力說：「我優先。」
愛問：「今日我可以如何服事你？」

權力是操控。
愛是建造。

權力榨乾他人。
愛使他人重新振作。

權力甚少會帶來真正的幸福。
愛瞭解幸福。

拜金主義的社會高舉權力。
愛視金錢為工具而非目的。

權力將他人踩在腳底下。
愛是使人變得更好的橋梁。

權力傷害人——甚至是濫用權力的人，自己也會受到傷害。
愛包紮受傷之人的傷口，甚至是自己的傷口。

即使已經掌控一切，權力仍不會令人感到喜樂。
愛中有喜樂。

權力不瞭解愛。
愛瞭解權力，但不會被權力所吸引。

權力視寬恕為一種懦弱，所以，權力拒絕寬恕，存留怨恨。
愛視寬恕為一種力量，並且藉由寬恕消除怨恨。

權力不會持久，因為它最終會自我耗盡，例如：美國的奴隸制度，或者是被認為是無所不能的納粹「千年帝國」，甚至是柏林圍牆；它們都試圖禁錮人們的思想、自由和身體……永遠的禁錮。然而，愛卻是堅持到底，即使是面對死亡的權勢。

練習八 於受傷之際，以更清晰的洞察力看這個人

現在你要以更清晰的洞察力，將關於這個傷你之人的「權力故事」串在一起，我指的是，你將會有機會瞭解，這個人與世界的互動方式可能是受到不利於他的殘酷權力所影響。在受到冒犯時，你可以運用前述的十組對照陳述，幫助你撰寫對方的權力故事。

讓我們運用金鑰 2 的練習，但以更明確的方式更進一步地培養你的寬恕心智。正當他傷你很深的那個特別時刻，專注於困擾這個人的問題。即使他對你的傷害是一種常態性的模式，試著挑出你受傷最深的那一刻。現在讓我們看看，在他傷害你的那一刻，可能早有另一股權力**壓迫他**，因而

使他變得脆弱。

- **第一個考量**：在傷害你的那一刻，是否有人以「我優先」的權力觀宰制傷你之人？如果是，你認為這會如何影響傷你之人的內心世界？這個問題不是要替傷你之人的傷害行為找藉口，而是使你可以更清楚理解傷你之人的內心。
- **第二個考量**：當傷你之人宰制你時，你是否覺察到他正受到某人的操縱？Alice在一家小公司工作，這家公司在一個月內有五個人被裁員。老闆威脅Alice，如果她不立即擔負更多的工作責任，她也會失去現在的工作。Alice因每週的工作時數增加而變得更累，心中也湧現更深的憤怒。她將自己的挫折發洩在摯友身上，她的摯友完全不知道為何Alice 會突然對她如此的無禮。Alice 因為自己成為老闆權力操縱下的受害者，而將憤怒錯發在摯友身上，摯友也因而成為受害者。從短期來看，所增加的工時確實是超過 Alice 所能承擔的。

  傷害你之人是否也有類似Alice的狀況？他是否也是另一個人不當操縱下的受害者？將這部分加入傷你之人的故事中。
- **第三個考量**：當你受到冒犯時，這個傷你之人是否因為某些因素而正處於精疲力竭的狀態？如果是，是什麼或是誰使他精疲力竭？請不要為其加諸在你身上的不義行為開脫罪名。精疲力竭不能作為冷酷的藉口。然而，在此同時，你是否也看到，你正面對一個脆弱的人？
- **第四個考量**：在事件發生當下，是什麼事情使傷你之人感到不幸？是他內心的某些因素嗎？甚至是否可能是他幼年時所遭受的創傷，正在他的內心怒號？你是否看到這股不幸的力量？它會擴散，使他人也陷入不幸，當然也包括你在內。這個傷害你的不幸之人是誰？
- **第五個考量**：在這個傷害事件中，金錢扮演什麼樣的角色？傷你之人是否為錢或因經濟壓力而超時工作，抑或是因為某些財務問題而責怪你？在此，你所看到的是一個搞不清楚優先順序的人，他可能看重金錢勝過看重你。金錢是物，而你是人。請在故事中增加這一段：傷你之人並未以更清晰的洞察力看事情，他因短視的世界觀而傷害你。

- **第六個考量**：當我們被踩到時，會感到疼痛。透視這個人的內心，以及你因他的傷害而承受的痛苦。他的內心一定也有類似的痛苦，才使其將那樣的痛苦加諸在其他人的身上。
- **第七個考量**：你是否可以看到他內心的攪擾或甚至是混亂？他受傷了，也許是非常嚴重的創傷。
- **第八個考量**：他內心有何喜樂？在傷害你的那一刻，他心中是否有喜樂？這告訴你什麼？更清晰的洞察力幫助你看見什麼？
- **第九個考量**：因為權力不懂得愛，傷你之人可能不瞭解你內心的創傷，不知道你需要支持、關懷和愛。他沒看到你內心既有的創傷，而且還加添一個新創傷。他藉著使你的心痛苦而將更多的痛苦帶進這世界。你看到的是一個什麼樣的人？請繼續寫這個人的故事。
- **第十個考量**：傷你之人有一天會死亡，他的權力也會隨之消失。現在我們必須確認，他的權力影響不會像病毒一樣繼續在這世上蔓延，也就是從你身上傳到另一個人身上。你能理解嗎？源自怨恨和破壞的權力可以被終止。傷你之人本有機會終止痛苦的延續，但他沒有把握住這機會。有鑑於他錯失這個機會，你現在是如何看他的？而你自己又是如何看待這機會？

提醒27 在傷害你的那一刻，傷你之人本身可能背負著極大的創傷。那些創傷也因他傷了你，而變成是你的創傷。你要如何處理這些創傷？

針對練習八的提問

問題三

「我依照你的建議做了這個練習，我也明白這個人所承受的壓力，但依然無助於處理我的憤怒。是的，我是看到一個受創傷，甚至內心軟弱的人，但是，因他所加諸於我的一切，我依然想揍他。你會建議我怎麼做，才能使我不活在怨恨中？

做這個練習並不會使你的怨恨自動消失。消除怨恨需要時間，我建議你做下列的家庭作業：在接下來的兩個星期，每天至少兩次，重複做練習八的任務，回到受傷的那一刻，試著更深入地去瞭解這個人。然後對你自己說：「我寬恕 [這個人的名字]，因為在傷我的那一刻，他正處於壓力之下。即使我未獲得正義或仁慈，我還是要努力成為仁慈的人。」

問題四

「當傷我之人對我的傷害，遠超過他所背負的創傷時，會使我難以理解他的創傷。當試著檢視他的創傷時，我為著所浪費的時間和所遭受的傷害感到挫折與難過。我是否能夠勝過這一切？」

是的，堅定的意志會使你戰勝這一切。有時候，我們必須為著療癒而奮鬥，並且以更大的耐心和永不放棄的態度堅持到底。不要期待在短時間內獲得很大的進展。寬恕之旅是一個**旅程**，而且有時是個極具挑戰性的旅程。但是，你若有耐心，你的憤怒會減少一些……之後，又會再減少一些

——直到你可以看到自己的進步。盡你所能地向對方伸出友善的手，你對他人的仁慈最終會回到你自己身上。

問題五

「我丈夫在四年前拋棄我——他說他需要『自由』，然後就起身離去。他有嚴重的酗酒問題。我們在一起的時候，他斷然否認有酗酒的問題，並且拒絕接受協助。他從一開始就不曾真正進入這段婚姻關係中，他有時會好幾天不回家，基本上，他隨著自己的感覺決定是否回家。他不會回來了，我知道，我的朋友們也知道，我的諮商師也知道。然而，當我以前述的『十個問題』思考關於傷害我之際的他時，我的心軟化了，我希望他能回來。而且，我因為沒有尋求與他重修舊好而感到內疚。我該怎麼辦？」

保持堅強的心智和決心是十分重要的。妳軟化的心可能是憐憫他，也可能是願意與他「同受苦難」。妳對丈夫的憐憫，以及與他重修舊好，分辨這兩者之間的差異是十分重要的。他從一開始就不曾委身於你們的婚姻關係，他拋棄妳，且有嚴重的酗酒問題。不單只是對妳，就整體而言，他無法承擔為人夫的責任。他似乎毫無意願尋求協助，處理自己的深層問題，無論如何，這是他離開妳之前，妳對他的印象。除非他尋求協助，並且有一定程度的改變，要不然，對你比較好的也許是清楚分辨：「我尊重他是一個人，但是我無法做他的妻子。因為對我而言，他不是一個忠實的丈夫。」

關於妳的內疚，妳必須懷著寬恕的心智瞭解，不是妳拋棄他，是他拋棄妳，妳沒有錯。當然，在婚姻關係中，妳並不完美，但是，所有的人在所有的關係中也都不完美。不完美並不能作為他拋棄妳四年的正當理由。妳的寬恕心智必須看清這個事實，並且深信這個事實。妳已經承受夠多的痛苦，現在妳需要將自己視為一個「值得被尊重的人」、一個在悲慘情境中仍能尊重自己丈夫的人，並且繼續以一顆柔軟的心和寬恕的心智對待他。

練習九 以人性的觀點透視這個人

即便你對這個人的瞭解不深，你還是能夠回答這個練習中的問題，因為這些問題不會問任何細節，而是問你和這個人之間有哪些共同點：

- **你是否需要食物和安全的居所才能存活？**那麼，傷你之人也是如此。
- **你是否需要新鮮的空氣才能呼吸，並且維持健康？**那麼，傷你之人也是如此。
- **你體內的循環系統是如何運作的？你是否有心臟、靜脈和動脈？**那麼，這個人也有。他體內也有一個和你一樣的循環系統。
- **你是否需要他人的協助以維持身體健康？也就是說，你是否有時也需要醫療照護？**那麼，傷你之人也是如此。當他或他的手臂受傷時，會流血。如果他的闌尾發炎，他會需要立即的醫療照護。他的骨頭和你的一樣脆弱，可能會被折斷，需要修護。
- **你是否擁有可以思考重要問題的心智？你的大腦結構和斑馬、大象、猴子的大腦結構是一樣的，還是不一樣？**傷你之人和你一樣擁有理性思考的能力。你們兩個人的大腦結構相似度遠高過和斑馬的相似度。
- **你是否會口渴或疲倦？**那麼，傷你之人也是如此。
- **你是否曾受過世上的苦難？**那麼，傷你之人也是如此。
- **你的身體是否受自然法則的支配，也就是說，隨著年紀的增長，你的體力一開始會愈來愈強，然後又會逐漸衰弱？**那麼，傷你之人也受到同樣的自然法則所支配。
- **你是否會死亡？**傷你之人也是同樣的脆弱，他會死亡。

檢視你對上述問題的回答，你是否領悟到，你們彼此的共同點多過表面上的差異？是什麼讓你們兩人有這麼多的共同點？你們所共享的是與生俱來的人類特質：你們兩人都是特別的、獨一無二的，且是無可取代的。

提醒 28 你和傷你之人同享人類共通的人性。

練習十 從永恆的觀點看這個人

1938 年，美國劇作家 Thornton Wilder 創作了《我們的城市》（*Our Town*）這部戲劇，有人認為該劇堪稱是二十世紀的經典名劇。該劇的重點是藉由頻繁地提及**數千里遠**或是**數百年前**的故事以展現生命的浩瀚。但是，儘管生命是如此地浩瀚，人性的意義卻是存在於你與同世代人們的短暫互動中，這些互動是卑微的，似乎是不重要的，且是容易被忽略的。

這部戲總共有三幕，第一幕描述的是，在新罕布夏州的一個簡樸小鎮 Grovers Corners 裡，人與人之間看似平凡的互動。第二幕是一場婚禮，在婚禮中我們看到是，親子間無條件的愛因那對年輕男女的結合而受到考驗，因為他們必須與深愛的父母分離。在第三幕，我們很快地就看到死亡所帶來的更深一層的離別。在這幕關於死亡的戲中，我們看到那些已過世的人聚在一起對話，有些已逝的人領悟到，那些在第一幕中看似平凡的互動，其實是非常珍貴的，那些仍活著但終將死亡的人，不應再視其為理所當然，而是需要瞭解、注意其重要性，並且認真地活出其豐富性。

這三幕戲串連在一起，彰顯一個深奧的主題：即使生命是短暫的，而且我們都會死亡，但在朝向死亡的旅途中，我們和所互動的人共享沒有終點的永恆。

Wilder 以簡潔生動的句子，捕捉人類經驗中永久不變的本質，包括苦難和愛的追尋。

當 Stage Manager（劇中說書人，一個對時間和人性有極深見解的人）說：「人們懷著強烈的哀傷將他們的親友抬到山丘，我們都知道失去親人的痛苦，也知道……當我們死亡時，我們也會被抬到這裡。」（p. 81）這個場景讓我們看到，面對死亡分離的人們所承受的極大痛苦；我們都會經歷死亡的分離，我們也必須面對死亡。

但是，在這部戲中，死亡並非終點，還有其他事物能超越人性浩瀚的本質。Stage Manager 再次教導我們：「每個人生來就知道永恆，而且永恆與人性有關。五千年來，那些偉大的人們都告訴我們，永恆是人類本質的一部分。」（p. 81）

每一個人……你是否和傷你之人共享永恆？我們知道，你們在這世上同享短暫的時光，你們都經歷苦難，而且你們也都會死亡。僅僅只是活在同個世代，你們就已經有許多的共通點。此外，你們是否還同享永恆？如同 Stage Manager 所言，數千年前的哲學家早已有永恆的概念。如果你和傷你之人同享永恆，關於他，這個觀點教導你什麼？讓這觀點幫助你強化你的寬恕心智。

帶著永恆的眼光會產生什麼影響？Stage Manager 以妙語教導我們關於寬恕和權力追求的功課：「仇敵恨惡仇敵，守財奴愛錢財……所有這些他們認為極為重要的事物皆隨死亡而消逝」（在死**後**的墓園，p. 82）。如果你將永恆與發生在你身上的不義並列，這並非是要除去你所經歷的不義，因為發生在你身上的事確實是不對的。但是，如果經過百億年又百億年，甚至更久遠之後，它還有何意義？這個人還會是 Stage Manager 所謂的「仇敵」嗎？

練習十一 那麼，此刻這個人是誰？

如今是該把不同層面的描述串成完整故事的時候，把這個人的故事從頭到尾說出來，先從其生理上的脆弱的觀點開始，接著是心理的痛苦，最後是你們所共同擁有的人性。這是一個脆弱的人，不是個超人或女超人。

現在要進入創傷的主題。傷你之人的創傷是從何時開始？他在何時第一次遭受來自另一個人的創傷——一個很深的創傷，對其造成極深的影響，使其做出傷害你的行為？現在是完成這個人的創傷故事的時刻。在童年晚期、青春期，甚至是成人之後，他遭遇過哪些創傷，使他成為這樣的人？如果他現在沒有處理這些創傷，將來會變成一個什麼樣的人？現在聚焦在其他人對他的權力壓迫。當他傷害你時，他已經是個背負創傷的人。這個傷你之人身上的傷有多嚴重？

接著聚焦在他與生俱來的價值。先撇開所有發生在他身上的一切及其對其他人所造成的傷害不論，他與生俱來的價值並不會因你的失望、憤怒和仇恨而消失，也不會因他自己的行為而有所減損。當你從人性和永恆的觀點來看這個人時，可以清楚地瞭解，無論如何，他依然具有身為人的價值。無論這個人帶給你和其他人多少創傷，他都是一個特別的、獨一無二的、無可取代的人。他與生俱來的價值超越那些創傷。你可能得非常努力才能發展這樣的觀點，但是，你如此努力地培養寬恕的心智絕對值得。

當你依此觀點檢視傷你之人時，你所看到的是一個怎樣的人？是一個什麼樣的人傷害了你？

提醒29 這個傷你之人與生俱來的價值，遠勝過那些加諸在你身上的傷害。

練習十二　更清楚明白身為人的你，所擁有的與生俱來的價值

如今是操練「你如何看待你自己」之相關心智的時候。當有人傷害我們時，創傷會扭曲我們對自己的看法，使我們對自己產生負面的觀點。現在輪到你說自己的故事的時刻。當你開始以寬恕的心智理解傷你之人時，你所看到的自己是個怎樣的人？看看你自己進步多少。你們當中有些人在閱讀本書之前，可能會輕看這個人身而為人與生俱來的價值。這是因為權力會促使人貶抑他人。然而，你現在怎麼看這個人？你是否將他視為「人」，基本人權是他所應得的？注意看，你是否已經擺脫權力的世界觀，支持愛的世界觀。儘管他曾傷害你，但你仍然願意視他是一個完全的人。你理解他的不幸、缺乏喜樂、混亂……和痛苦。如今你可以看見那些將痛苦加諸在你身上之人的內心痛苦。

提醒 30　當你能夠理解傷你之人是一個受創的人，是個需要接受創傷醫治的人，你會變得更堅強。

請以更清晰的洞察力檢視你自己，雖然你的旅程才抵達金鑰 4 而已，但你是否已看見自己的進步？你正在逐漸成為一個具有愛與正義的人，你的視野已經擴展到一個相當的程度；擴展的視野可使你內在的自我更為整全。

 針對練習十二的提問 

問題六

「這個練習是否要全然改變我的身分——改變我的核心本質？我覺得自己無法擺脫『我不是個好人』的信念。」

的確，這個練習是要你改變你的身分，這種轉化需要時間和努力。你必須瞭解，「我不是個好人」的自我形象是個天大的謊言，你必須奮力抵擋這個謊言。你正真真實實地努力改變自己對傷你很深的人（可能不只一個人）的觀點，這需要勇氣、耐心和愛，即使你目前尚未在自己身上看到這些特質。請繼續努力瞭解真實的你，這樣的努力是值得的。

問題七

「我能夠以你所謂的更清晰的洞察力看自己，但我的內心對這個傷我之人沒有一點點的愛。事實上，當我想到這個人時，就會感到憎惡。倘若我心中沒有愛的感覺，我是否能夠寬恕呢？」

簡單的回答：是的，你可以寬恕，即使你的內心對這個人毫無愛的情感。然而，請試著從另一個角度看。你可能沒聽過**古典制約**，這是個心理學的概念，就是藉著兩個事物之間的鄰近性，建立它們之間的連結。你在年幼時，你因手太靠近火爐而被燒傷，而建立爐上燃燒的火焰和燒傷之間的關聯性，你也因而建立爐上燃燒的火焰和疼痛之間的連結。所以，即使之後你的小手已經被治癒，但無論何時，你看見爐上的火焰，你還是會神經緊繃，哪怕只是短暫的時間。因為你已被制約，對燙傷的疼痛有所預期。

你對傷你之人的感受也是如此：無論何時，你想到、看到或和這個人對話，你自然會聯想到你因他所承受的痛苦，你因這個痛苦而感受到的焦慮，會阻礙你對這個人產生愛的情感和想法，甚至會阻礙你關心這個人的幸福健康。要改變這種習得的反應需要時間，有時需要很長的時間。而且，你可以學習在這個人和你對他的憐憫之間建立連結。你只是需要時間，打破傷你之人和你所承受的**痛苦**之間的連結，並且以傷你之人和你對他的**憐憫**之間的連結取而代之。

練習十三　藉由持續探索「你是誰」使你成為更堅強的人

讓我們做個小實驗，回到你第一次翻開這本書，閱讀金鑰 1：「瞭解寬恕的重要性及寬恕的真義」的那一刻，你那時候的感受為何？你那時對寬恕是懷抱著信心還是疑慮？你那時是充滿活力，還是感到疲憊？現在的你和那時的你是否有所不同？你是否覺得自己比以前更堅強、更積極、更有自信？如果你的回答都是「肯定的」，那麼你已藉由培養寬恕的心智而逐漸鍛鍊出寬恕的體魄。如果你依然覺得自己很軟弱，試著定睛於未來。當你花更多的心力操練寬恕，你就可能變得更堅強。要學習在這方面對自己溫柔些，我們都是一點一點慢慢地成長。

提醒 31　你正努力鍛鍊寬恕的體魄，你只需要繼續努力，保持寬恕的體適能。

繼續強化寬恕思維時，當懷抱什麼期望

首先，恭喜你勇敢地投入我所謂的寬恕的心智之旅，這個針對加諸你極大傷害之人的寬恕之旅是一趟艱困卻極有價值的旅程。

誠如我們在金鑰 1 討論過，這個旅程並不是充滿喜樂、快速抵達終點的直線路徑。相反地，如果你和我們其他人一樣，你可能會在安全抵達終點之前走走、停停，反反覆覆好幾次。你可能會在很大的進展之後，突然又夢到這個人，並且憤怒地醒過來。你可能認為自己已經戰勝憤怒，但當你無預期地遇到這個傷你之人時，心中憤怒再度湧現。又或者是在假期中，回顧過去的生活，盼望有平靜，但卻想起這個人另一個無禮的行為，於是憤怒再度找上你。寬恕的道路是曲折的，所以要對你自己溫柔些。你只要再次以這個人為寬恕的對象，檢視你目前的創傷，評估你需要做些什麼（我是否需要檢視他的創傷？他與生俱來的價值？以人性或永恆的觀點瞭解他？），重新開始並且繼續努力寬恕這個人即可。

有些時候，你會覺得自己好像進退不得，需要休息一下。任何健身課程都需要大量的休息時段。不要急著獲得療癒；運用智慧，適度地操練寬恕，療癒自然會臨到。

練習十四　最後的思考練習

在結束本章之前，試著做這最後的兩個練習，繼續強化你的思考，特別是你對你自己的想法。首先是抗拒關於你自己的不健康負面思想——因為你所受的創傷，你很容易被關於你自己的錯誤信念所困。其次是要正向地肯定你自己和傷你之人。

每一天，你都要抗拒：

- 「我是毫無價值」的漫天大謊——只因某人曾經，或者至今仍惡劣地對待你，你就認為你自己毫無價值。
- 權力世界觀的誘惑——如果你能夠以權力宰制這個宰制你的人，這應該是比較好的。
- 「我沒有愛的能力」的漫天大謊——你的心是如此地破碎，以致於你已經失去愛的能力。

每一天，你都要對自己說：

- 「身為一個人，我是一個極有價值的人，而且我的價值是與生俱來的，不需要努力去贏得。」
- 「傷我之人也是極有價值的人，不是因為 [加害者的姓名] 的所作所為，而是不管他的行為如何，他都是極有價值的人。他的價值也是與生俱來的，不需要他努力去贏得。」
- 「我是一個能夠愛人的人，愛的能力是無法被剝奪的。」

在下一章我們會拿起另一把療癒的金鑰：在承受他人加諸於你的痛苦中找尋苦難的意義。發現苦難的意義有助於你的療癒。

金鑰 5

在苦難中發現意義

我能夠成為更好的人

更瞭解他人的痛苦

變得更堅強

更能夠愛人

因我曾受過苦難。

當我們承受極大的苦難時，一件至關緊要的事情就是嘗試在當中發現意義。人若無法從苦難中發現意義，就會失去目的性，最後陷入絕望之中，無助地認為：生命本身毫無意義。

我曾和一個高度質疑寬恕治療的人對話，她告訴我：「這難道不是在玩弄我們自己嗎？我們創造一個有點虛幻的故事，認為凡事皆有其道理，甚至認為一切都不會有問題！」我一直不瞭解她的觀點，直到我領悟到，她是指「尋找不義本身的正面意義」。我要再次強調，我所指的不是尋找不義本身的意義。事實上，我對她說的是，從不幸的**結果**中發現意義，意即在生命經歷不義所導致的苦難中發現意義。我同時也是指，即使目前正蒙受苦難，即使在她此刻的生命中，不義仍持續且無可避免，她仍可以在其中發現意義。我當時想問的其實是，在苦難中她學到什麼有助於療癒和使其成長的方法。

試圖在他人惡劣的行為中尋找良善，和**試圖理解你所承受的苦難如何為你帶來正向的改變**，這兩者之間有極大的差異。在苦難中發現意義有助於你活出更美好的生命。

在苦難中發現意義的實例

接著我們要探索一個扣人心弦的案例，是關於在致命苦難中發現個人意義的案例。二戰期間，Josef Mengele在奧斯威辛納粹集中營，以猶太人的雙胞胎為對象，進行一項邪惡的實驗，Eva Moses Kor是其中一個實驗對象。在*Forgiving Dr. Mengele*影片中，Eva敘說她倖存，以及最終寬恕這個惡名昭彰、被稱為「死亡天使」的醫生的故事。在描述那段被關在奧斯威辛納粹集中營的童年時，Eva說：「那是一個讓我在生與死之間掙扎的地方。」在被關進集中營之後不久，年幼的Eva就被注射致命的藥劑，Mengele在檢查她的身體狀況後宣稱，她只能存活兩個星期。但Eva以「我拒絕死亡」的態度回應她所承受的苦難。

Eva在那當下給自己設定的立即性目標就是證明Mengele的宣告是錯誤的，並且尋求任何得以讓自己存活下來的方法，這就是她在苦難中發現的意義。Eva在苦難中發現的第二個意義是，為了她的雙胞胎姊妹Miriam，她一定要活下來。Eva知道，如果她死了，Mengele就會立即將那藥劑直接注射到Miriam的心臟，使其立即死亡，然後再將這對雙胞胎姊妹進行解剖觀察比較。她輕描淡寫地說：「我毀了這個實驗。」Eva在苦難中發現的第三個意義，雖是比較長遠但仍屬短期的目標，就是忍受痛苦以便能和Miriam重聚。Eva所設定的更長遠的目標，是自己最終能寬恕Mengele醫生——他一點也不關心Eva，以及那些被他判定進毒氣室之人的生命。Eva立志要以自己的倖存抵抗這極大的逆境，而且她真的做到了。

在這個案例中，我們看到強烈的生存意志與殘忍權勢之間的對抗。藉由寬恕Mengele，Eva從她所承受的苦難中發現更重要的意義：她對許多學生族群演講，指引他們一條比背負仇恨更好的人生道路。她在美國的一個小鎮上，建立了一座納粹大屠殺的紀念館。Eva明白，她的苦難與寬恕的意義，在於向那些承受生命中不義之苦的人證實寬恕的可能性。Eva最終所要傳遞的訊息是寬恕勝過納粹的力量，並且幫助她成長茁壯。正如你所能想像，Eva Moses Kor是個具爭議性的人物，因為並不是所有和她承受一樣苦難的人都準備好寬恕。Eva Moses Kor也明白這點，所以，她鄭重指出，她不是代表其他人，而是以她個人的名義寬恕納粹。每一個人都有他自己的選擇權；在遭逢這種暴虐或任何不義時，每一個人都擁有在苦難中發現意義的自由。你也擁有這樣的內在自由。

當我們未能在苦難中發現意義時

如果Eva Moses Kor於被監禁在集中營、被刻意注射致命藥劑，以及失去家人的苦難中，未能發現任何意義，她很可能早就死在集中營。但是，她強烈的求生意志戰勝了她所遭受的不義，她對保護Miriam的生命和將憐憫與寬恕帶給其他人的盼望，使她得以倖存。

你是否能夠在你所承受的苦難中發現意義？你若未能在曾遭受的苦難或目前正承受的苦難中發現意義，這會對你產生極其重大的負面影響，所以，你必須致力於在苦難中發現意義——只有你才能發現的意義。

從無意義轉變成有意義：兩個實例

我第一次遇見Jeremiah時，他覺得自己的生命毫無意義。他的成人生活幾乎被心因性憂鬱症所困。他已經45歲，離了婚，孩子們也都長大成人離家而去。Jeremiah表示：「我和自己的子女未曾建立良好的親子關係，我對親子關係感到厭惡，沒有人真正關心我的死活！」他接著說：「我需要愛，但愛早已從我的生命中消逝。我活著毫無意義。我正準備收拾我的東西，然後結束自己的生命。我已厭倦被憂鬱症所困。」我可以理解他的沮喪和孤寂。談話中，他提到自己和社區裡的某個流浪漢之間有深厚的友誼關係：「我們相處得很融洽，他需要我。」當我提到那個街友朋友可能會因為他的自殺而深受打擊時，Jeremiah憤怒地看著我，彷彿對我說：「你膽敢破壞我的計畫。」

但當Jeremiah一想到，他那每週固定幾天會在公園某張長凳上碰面的流浪漢朋友，可能會因為他的自殺而遭受嚴重打擊，Jeremiah流淚了。Jeremiah最後瞭解到自殺這件事，實際上是從一個已經被生活擊潰的人身上把愛奪走。Jeremiah無法忍受自己將此重擔加諸在這個朋友身上，因為那個流浪漢朋友非常依賴Jeremiah的情感支持。Jeremiah頓時找到生活的意義：為了他的流浪漢朋友，Jeremiah必須忍受自己的痛苦，勇敢地活下來，而且要好好活著，這樣他的流浪漢朋友就不必承受無端地突然失去朋友的痛苦。因為朋友自殺而驟失珍貴的友誼，這對活著的人所造成的深刻影響，遠勝過朋友因癌症病逝而造成的影響，因為病逝並未奪去死者對生者的愛。找到活著的理由，哪怕只是個短期的目標，都是一種意義的發現。請注意，在這個案例中，服事之愛是Jeremiah所發現的意義的核心，這是一種使他人振作的愛，即使付出愛的人自己正承受著痛苦。

Agatha是個87歲的寡婦。最近，她的手臂骨折，手術之後，目前正在做物理和職能治療，幫助她可以重新使用受傷的手臂操作廚房的用具。物理治療師發現 Agatha 並未按照指示每天做練習。治療師向 Agatha 解釋：「如果妳不練習，妳就不會有任何進步；假如妳沒有任何的進步，我就不能幫妳做物理復健。」

物理治療師發現，Agatha 因覺得生活毫無意義而沒有動機練習必要的復健。後來，心理師發現 Agatha 幼年時曾遭父母虐待。父母對年幼的她給予諸多嚴苛責難，使她覺得自己毫無價值。這些年來，Agatha 對父母一直懷著極深的怨恨，怨恨損毀了她與人建立意義和信任關係的能力。因此，至今她仍未再婚，且朋友很少。

當心理師建議 Agatha 寬恕她的父母時，Agatha 一開始很猶豫，手臂受傷已經耗盡她每天的精力，她實在不想在這時候還要花精力在寬恕父母這件事上。當心理師向她解釋，寬恕她的父母不是為父母的行為找藉口，而是幫助她卸下背負一生的怨恨重擔時，Agatha表示她願意試試看。當Agatha開始學習寬恕，這個學習過程本身變得有意義，促使她動筆撰寫自己的寬恕經驗——她所撰寫的文章成為反思的小品文，刊登在教會的報紙上。一些對 Agatha 的深刻見解感到興趣的人，開始與她接觸。她小小的朋友圈開始擴展，使她不再有強烈的孤寂感。她的體力恢復，並且充滿活力地做物理復健，她的手臂也因而得以恢復正常功能。Agatha 原本覺得生活毫無意義，但寬恕賦予她生活的意義，擴展她的朋友圈，並且，受傷的手臂也恢復正常的功能。

意義給予在苦難中的你盼望，而且最終可能為你的生命帶來喜樂。

「發現意義」的真實意涵為何？

我希望你已逐漸明白，在苦難中發現的意義對你的人生旅程是有助益的。但是，**在苦難中發現意義**到底所指為何？

發現意義是指，一個人在苦難中依然能夠發展出短期，或甚至是長遠的生活目標。例如：有些人藉著思考如何善用他們所經歷過的苦難，以應付當下的苦難。他們最終發現，苦難改變了他們對生活中重要事物優先順序的觀點，也改變了他們原本設定的長遠目標。在苦難中發現意義即是不斷地回答「為什麼」這個問題。

一個人若能在職場的苦難中發現意義，也許就不會再因小事而惱怒。也許你因為曾受苦難，而會想做一些有益於世界的事。

此外，追求事實的真相，是另一種在苦難中或經歷苦難之後發現意義的方式。當我們因為某人的權力宰制而受創時，真相與謊言的界線就容易變得模糊。想想在二戰期間曾被關在德國和波蘭集中營的精神科醫師Viktor Frankl的苦難經歷。當Frankl醫師被命令到戶外做奴隸的工作時，我相信，那些納粹軍人深信他們對 Frankl 醫師的操控行為是一件正確無比的事，他們也許已說服自己，被他們奴役的人是罪有應得。Frankl醫師拒絕這樣的謊言，並且堅信他所經歷的一切是不義的事實。你會因領悟「苦難使個人分辨對錯的心智更為敏銳」而變得更堅定，即使其他人企圖使你認為是你自己的錯。

想成為一個好人的動機和決心，是在苦難中發現意義的另一種形式。人們有時會因認清自己蒙受的苦難是源自於他人的惡，而想蛻變成一個道德良善的人。培養良善是指努力讓自己的意志更堅定，或是使自己的內心更堅強，以及培養愛與寬恕的能力。換言之，儘管有人想透過權力擴展他們的權勢而將你踩在腳下，你仍深知自己正逐漸茁壯成長為一個良善的人。

對「美」的領悟，是在苦難中發現意義的一種強而有力且具保護性的方式。他人的惡行所導致的黑暗，使人更敏銳於眼前真實存在的光明與美。將對「美」的領悟帶入你心中，能幫助你超越內心的創傷，使你更能忍受那些創傷。最後，寬恕使你得以覺察寬恕本身的「美」。

當你覺得自己被他人所壓迫，心中會產生「服事他人」的新意義；你會想幫助那些被壓迫的人，**站起來抵抗壓迫**；你的憐憫心會激發你助人的動機。

最後，如果你有特定的信仰，對信仰有更深入的理解與領悟，能為你的生命開啟另一個發現意義的新管道。C. S. Lewis在他的妻子病逝之後，在《痛苦的奧秘》（*The Problem of Pain*）一書中明確指出信仰的力量。C. S. Lewis並未因苦難失去他的信仰。相反地，他以苦難作為更深入探索個人信仰的機會。當人們操練寬恕時，他們會更清楚明白，他們自己也需要被寬恕；這樣的理解使他們有更深入的洞察——因為被寬恕，所以也該寬恕人。這種先被寬恕，然後寬恕他人的經歷，使恢復真實且健康的關係成為可能。使苦難變得有意義，就是期盼對你不公之人也能擁有美好的未來。

從苦難中發現意義是跨越沮喪與絕望，進入更美好盼望的途徑。

哪些不是「在苦難中發現意義」

當你尋求生命的意義，或是試圖在苦難中發現意義，你**不會**做下列的事：

- 你不會否認你因所遭受的不義而產生的憤怒、憂傷或挫折。不義之事確實發生，而且，你的那些負面反應也是全然合理。發現意義不是用枕頭蒙住頭，期待痛苦自然消失。
- 在苦難中發現意義不是和自己玩遊戲，告訴自己：「喔！好吧！我就欣然接受所發生的一切。」是的，你**可以**欣然接受所發生的一切，但是，如果這就是你在苦難中所發現的意義，那麼你並未處理你內心的創傷——我們使用八把金鑰所要完成的旅程就是要處理內心的創傷。「喔！好吧。」是消極的做法，創傷的療癒需要積極地處理內心的痛苦。

- 在苦難中發現意義不是替不義之事裹上糖衣，藉著「每件事情的發生皆有其道理，所以，我要試著發現不義本身的良善」的想法扭曲事實。也許不義本身根本無良善可言，你不需要試圖從不義本身發現意義，我也不建議你這麼做。但是，除了事件本身之外，你從苦難中學到了什麼良善？

在苦難中發現你專屬的生命意義

你從目前或長期以來所承受的苦難中發現了什麼意義？這不是一個容易回答的問題，正如我們之前所討論的，在苦難中所發現的意義可能不只一個。對 Eva Moses Kor 而言，她所發現的其中一個意義，就是不讓苦難置她於死地，這至少是她的短期目標。對一個在伴侶關係問題中掙扎的人而言，其所發現的意義，可能是洞察自己也是不完美的，而願意以更大的包容心面對其不完美的伴侶。另外，一個對工作感到厭煩的人，可以藉由苦難仔細思考其個人職涯的優先順序，並且制訂具體步驟以實現其理想。

換言之，沒有一本規則手冊能精確告訴我們，我們會在苦難中發現什麼生命意義。若非要給一個答案，我會說，我們可藉由苦難讓自己成為一個更有愛心的人，然後將愛傳給其他的人。無論你我在此時此刻，對於你所發現的獨特的生命意義是否有一致的看法，但可確定的是，在苦難中尋求積極的生命意義，以及尋求意義的過程本身，都有助於你的情緒療癒。

在第五把金鑰所開啟的第五道門中，你的任務就是在你的苦難中發現**專屬於你自己**的生命意義。苦難如何改變你？因遭受這特別的苦難，你的人生有何新方向？

讓我們花一點時間，探究其他人如何回應這些關於發現意義的問題，作為在苦難中發現專屬於你個人意義的第一步。接下來，我們會看到一些勇敢的人，他們在蒙受極深不義所導致的後續影響中，奮力地尋求生命的意義。在探究這些實例之後，就輪到你去發現屬於你自己的獨特生命意義。

從美的事物中發現意義

Josiah，29 歲，目前躺在家中的病床上。他之所以會臥病在床，是因有人酒駕撞到他，導致他的車子全毀，他的下半身癱瘓。Josiah目前正盡一切所能地使自己得以復原。因雙腿失去功能，他覺得自己彷彿被囚禁。你可以想像，這樣的束縛是何等地具挑戰性。到目前為止，他躺在病床上已經有六個月了。

Josiah藉由和家人到後院欣賞那無邊的鄉村景致和流經後院小溪之美，奮力抵擋絕望的誘惑。他開始學習繪畫，他的目標是在畫布上捕捉鄉野之美。畫中的景觀象徵著他的寬恕──平靜與安寧，對他的家人和他自己皆有所助益。Josiah說：「我可以讓對方酒駕行為所產生的後果毀了我，但我也可以選擇讓自己的生命攀上另一座高峰──而這個令人難以置信的鄉野之美領我到那更高之處。它使我想起這世上所有美好的事物，使我有力量繼續前進。雖然目前我的身體因為車禍受傷而被囚禁，但我的靈魂並未被禁錮。如今，任何的行為疏失都無法傷及我作為一個人的核心本質。」

從寬恕本身發現意義

Samantha，34 歲，因丈夫的肢體暴力而與其分居。她一開始認為寬恕是一件危險的事，我還記得第一次提到寬恕主題時，她那銳利的眼神。她向我解釋，基於維護她的人身安全，法院已經裁定家暴令，限制她的丈夫接近她。當她聽到**寬恕**這個詞，腦中即刻浮現的是愚蠢且危險的和解，也就是和那個毆打她無數次的男人重修舊好。當時我僅提到寬恕這個詞，尚未建議她以寬恕作為情緒治療的一種方法，就已經讓她對我感到憤怒。

歷經一段很長的時間，向她解釋什麼是寬恕、什麼不是寬恕之後，她終於明白，寬恕是要**保護她的心**，而不是一種會使她陷於危險的行為舉動。於是，她接受寬恕的概念，開始寬恕她的丈夫，她的生命因而獲得改變。她說：「我需要學習寬恕這個主題，我的內心需要它。」她接著表示：「除了寬恕他，我不知道還有什麼方法可以除去我心中的憤怒。只要想到我的餘生將因對他沸騰的憤怒而被困住，就令人感到恐懼。但我現在相信，我有更大的信心可以繼續前進。我現在已經知道如何處理湧上心頭的憤怒。」

寬恕對 Samantha 是有意義的，因為寬恕讓 Samantha 瞭解：她可以克服令她煩躁不安的強烈憤怒。她目前所發現的意義，就是利用寬恕平息她內心的憤怒，使她的生活開始慢慢地回到正軌。

從服事他人中發現意義

Melissa，21 歲，澳洲人。她常常與母親爭吵，為了逃避與母親之間的衝突，才決定從澳洲移民到美國。移民之後，她發現要適應新的生活環境並不容易：找不到工作，也不易交到朋友。她感到孤寂，也曾想過搬回澳洲。但每次想到回澳洲，就想起與母親的衝突，她的壓力無可避免地就上升。因此，嘗試適應新環境在此刻是比較好的選擇。

處於痛苦之中的 Melissa 開始對他人的痛苦更能感同身受。她看到融入新環境的契機——接受幼兒教育訓練，並以教師助理作為她個人職涯的起點。照顧那些幼兒幫助 Melissa 審視自己的痛苦。她並非輕忽自己童年時所經歷的衝突，事實上，她坦誠地表示，寬恕母親並且與其重修舊好仍是一個挑戰。儘管如此，她已經能夠將自己的痛苦轉化為悉心照顧那些幼兒的力量——他們當中有些也背負著來自家庭衝突的極大創傷。Melissa 瞭解在衝突中成長是怎麼一回事，因此，她對這些幼兒特別有耐心、特別溫柔。她以愛守護他們受傷的心，在給予愛的過程中，Melissa 也經歷情緒療癒。

回顧自己的生命，Melissa 認為，與母親之間的衝突經歷，讓她更能藉由照顧幼兒發現苦難的意義。她熱愛自己的工作，並從中獲得極大的成就感。即使其他的教師和助理對孩子們有所抱怨，Melissa 卻對幼兒的行為有更深的見解——其他的人只看到孩子們需要矯正的行為，Melissa 看到的卻是孩子們受創的心。因為多年前所受的創傷，以及她目前對創傷療癒的努力，讓 Melissa 能夠以更清晰的洞察力瞭解孩子們的行為。

從苦難中發現意義的練習

如果你已準備好從你的苦難中探索生命的意義，請複習本章所提過的不同類型的意義，仔細思考哪一個可以直接適用於你。本章的練習不是要訓練你投入特定的行動以達到目標，而是要培養你的洞察力。必須先有洞察力，然後才能有所行動；行動是金鑰 8 才會討論的主題。

練習一　從短期目標中發現意義

在紙上或是在電子檔案中記錄你對下列問題的回答：

Eva Moses Kor 的立即性目標就是存活下來。在你因他人的不義而蒙受苦難之後，是否有什麼目標可以讓你的心不死？即使你的身體是活著的，你的心——你對生命的愛、狂熱和熱情——可能正逐漸消逝。這是否是你目前的寫照呢？如果是，有何立即性的目標可以為你的心重新注入活力呢？

練習二 從發展長期目標中發現意義

你可能因所經歷的苦難而改變生命中的優先順序。請寫下有哪些事物曾是你認為非常重要，但如今似乎是毫無價值、不重要，或者對你和其他人的幸福並無真正的助益。你的回答必須非常具體，如此你才能知道生命中哪些是該放棄的。

回顧你對苦難的回應，如今你認為哪種回應，就長遠來看，對於保護你的人性是重要的？換言之，你的生命需要什麼，才能保護你不被嚴重的不義所擊敗？

哪些是你過去認為毫無價值、不值一提的，但如今卻變得非常重要？請試著逐一列出。哪些有助於你的全人發展？你對這些問題的回答可能成為你在生活中採取新行動的基礎。我們會在金鑰 8 談論這個主題。

練習三 從工作中發現意義

苦難如何改變你對工作與職場的觀點？如果你是家庭主婦（家庭主夫），苦難如何改變你服事家人的觀點？和前述的練習一樣，仔細思考哪些是你從前認為非常重要，如今卻是毫無價值。反之，哪些是你過去認為不值得一提，如今卻是十分重要的？

提醒 34 當你依據所蒙受的苦難建立新的目標，你就是在為自己生命增添新的意義。

練習四 藉由站在真理之上發現意義

亞里斯多德在兩千多年前給「真理」下了一個最好的定義：「現實中有就說有，現實中沒有就說沒有。」你是否遭到不公的待遇？如果是，就如實地說：「我受到不公的待遇。」

如果你現在不為你的情緒療癒，處理你那顆苦毒的心，你是否會因此而陷入險境？如果會，就如實地說：「我現在必須非常小心，我的心一直受到不義的考驗。我對此十分清楚，而且我所蒙受的苦難也證實這一點。」

只因對方認為他自己是對的（例如對方說：「並無任何的不公」），他就是對的嗎？如果不是，就如實地說：「不！就事實而論，我確實遭到不公的待遇，即使有人試圖反駁我的看法，我也絕不退讓。我如今已學會看清不義的真相，我不會再退縮了。」當然，此處你也需要平衡的觀點。如果你一直否定並扭曲他人的行動，那麼你就不是站在真理之上。在這種情況下，真理應該是：「我錯了，對方並非如我當初所想的不義。」

提醒 35 苦難可以幫助你看清「義」與「不義」的真相。

練習五 從成為良善的人中發現意義

無論你曾遭遇什麼，你都是個良善的人嗎？讓你所蒙受的苦難幫助你看見真理：「無論別人怎麼說或怎麼待我，我都是個良善的人。」你所承受的苦難如何強化你善待他人的決心？花一分鐘想想，對方的不義對你造成何等的影響。你現在是否想讓其他人也因你不願變得良善而承受同樣的痛苦呢？

提醒36 苦難可以幫助你瞭解，你不會讓世上的惡奪去你善的本質……為了其他人的益處。

練習六 從「儘管你正遭逢苦難，你依然是個良善的人」的真理中發現意義

當受到來自他人極深的創傷之後，我們往往會失去自信和自我欣賞的能力。但當我們更仔細地自我檢視時，我們會有不同的見解，而且會對自己有更清楚的認識。想想你所遭受的苦難與忍受的痛苦，一個懦弱、毫無價值的人，能夠像你一樣承受這一切嗎？即使你也許覺得自己已被他人的不義行為擊潰，你所承受的痛苦證實了你是何等的不屈不撓。那麼，你所經歷的這一切苦難教導你什麼……關於**你自己**？

提醒37 你所蒙受的苦難並非毫無意義；它可以使你與你的良善本質更為契合。

練習七 藉由強化內在的決心發現意義

你是否認為，有些傷害人的人是真心渴望看到他人受苦？那些非常、非常憤怒的人有時會且確實會藉由將自己的痛苦加諸於人而獲得某種愉悅感。如果虐待你的人就是這種人，切勿讓他獲得滿足。相反地，要試著從你所受的苦難中發現生命意義。有些人發現下定決心是有益的，例如：

「我要藉著勇敢抵擋不義，鍛鍊自己，使自己成為一個內心更為剛強的人。」

「我要努力維繫內心的平靜，堅決不讓粗暴和殘酷摧毀我。」

「我要向 Eva Moses Kor 學習，在苦難中培養堅定與良善的盼望。」

「這世上的苦難已經夠多了，所以，我下定決心，一定要為這個世界注入良善。」

當你領悟到，你比你所認為的自己還要堅強時，這個艱鉅的任務會賦予你所承受的苦難重要的意義。

提醒 38 苦難可以使你變得更剛強。

練習八 從美的事物中發現意義

講究快速與追求財富的今日社會，許多人經常無法體會透過「美」所產生的深層療癒。真正的美是深刻地滿足人心的途徑之一。真正的美是人們一看到就能領悟的。

只要你願意，美就會向你伸出援手，呼喚你為更美好的事物離開你所處的深淵。美使你的心靈昇華，超越你生命中所經歷的一切不義與黑暗。換言之，美幫助你療癒。

一旦人們領悟，他們的心已經因他們容許比自己更偉大的事物進入他們生命而柔化，他們也就能在苦難中發現意義。Frankl 醫師提到他在集中營時所發生的一個事件：當被迫行軍或從事戶外勞役時，他和囚友們都會更加刻意地頌讚高山之美。在他們的內心深處，專注於體驗高山之美是一股影響他們情緒的力量，這股力量勝過行軍的痛苦和勞役的疲憊。在最可憎的處境中，他們選擇將注意力轉向可以激勵人心的事物。美給予他們意義，挑旺他們的生存意志，因為他們深知，生命所給予的盼望遠勝過今日所承受的痛苦。

提醒 39 倘若你願意，你今天就可體驗美，而不會只看見黑暗，並且你將永遠不會被黑暗所勝。

還有另一個類似的故事，是關於一個 13 歲猶太少女 Anne Frank 的故事。Anne居住在荷蘭阿姆斯特丹，從 13 歲生日那天起，Anne就在她的日記裡，寫下她在納粹佔領阿姆斯特丹期間的個人經歷。他們一家人躲在父親曾經工作過的一棟建築物裡，但最終還是遭到納粹的逮捕，Anne和姊姊Margo被遣送到德國的集中營。1945 年，Anne在德國的集中營死於斑疹傷寒。她的日記最後被他的父親發現，並以《安妮日記》（*The Diary of a Young Girl*）作為書名發行。儘管經歷躲藏、與家人分離，以及被遣送到集中營的恐懼，Anne仍然在日記裡寫道：「想想你周遭仍存留的所有美的事物，快樂地活著。」所有的醜陋與仇恨都未能將她擊潰；美依然存在她心中。

當我們被痛苦所壓迫時，我們容易只聚焦在世上的痛苦，而忽略美的存在。但只要你選擇改變你的關注焦點，這種傾向也會隨之而變。你生命的豐富性遠勝過你的痛苦、你的傷疤和你的不完美——那個傷你之人的生命也是如此。反覆思考「儘管你經歷這一切，你仍是美好的」的想法。Anne所蒙受的苦難是否讓她的美消逝？還是提昇她的美？仔細思考Victoria Moran的想法：「在愛你的人眼中，你是完美的。這並不是因為他們沒看到你的缺點，而是他們清楚地看見你的靈魂。相較之下，你的缺點變得模糊了。那些關心你的人也願意接納你的不完美和不美好。」

苦難柔化你的心，這意味著，你的內在變得更美了。當然，我不是鼓勵你尋求更多的苦難，使你得以更進一步地顯露你內在的美。我是鼓勵你，讓生命中的艱困挑戰，成為汲引你內在之美的機會。

提醒 40　苦難可以彰顯你內在美的本質。

現在回到我們的練習。接下來的這個星期，試著覺察至少四個美的實例：其一是自然景致之美；其二是你所觀察到的，從某人的行為或人格特質中所展現的美；其三是藝術創作之美，例如：畫作、樂曲或文字；最後，反思寬恕本身即是一種美的可能性。每一次都問你自己：我是否因所深受之苦難而更能夠意識到「美」的存在？如果是如此，身為一個人，如今的我是一個什麼樣的人呢？

練習九 從服事他人中發現意義

此刻的你是否覺得自己已經堅強到能夠問自己：「我可以為其他人做些什麼？我如何能夠服事那些內心受創之人？」這並不是要你換工作，或是成為服務機構的全職工作人員，負責提供食物給那些因內心受創而流落街頭之人（雖然那也是很棒的，如果那是你目前在服事他人方面所看見的使命）。這也不是要你在可能已經負荷滿載的工作上，加添更多的工作。此處的重點是把握你能對另一個受創之人伸出仁慈之手的時刻：一個微笑、拍拍對方的背、一句鼓勵的話。即使是小小的動作，都將成為服事他人的行動。

試著看見其他人受創的心，然後試著為他們做些什麼，無論你所做的在世人眼中是多麼地微不足道，試著去醫治那顆受創的心。你會發現，在嘗試醫治他人受創之心的同時，你自己的受創之心也開始癒合。

提醒41 當你服事那些內心受創之人時，你受創的心也會開始癒合。

練習十 從寬恕與被寬恕中發現意義

當你發現，在寬恕傷你之人的歷程中，你逐漸成為一個更完全的人，這個寬恕的歷程是否賦予你的苦難意義？畢竟，若非經歷這苦難，你也不會發現寬恕本身所蘊含的真理、良善與美。你也不會有反抗內心權力宰制慾的力量。苦難使你在寬恕的理解與實踐方面成為一個更有智慧的人。現在花一點時間，寫下你對下列問題的想法：

- 你所承受的苦難，如何幫助你成為一個更能夠寬恕的人？
- 你所承受的苦難，如何幫助你更能夠毫不猶豫地向那些被你傷害的人尋求寬恕？

提醒42 苦難能增進你對寬恕內涵的理解，幫助你成為一個更能夠寬恕和尋求他人寬恕的人。

練習十一 從信仰中發現意義

如果你有特定的信仰，那麼你就有機會透過你的信仰在苦難中發現意義。以下是幾個信仰的例子。佛教（有人認為是信仰，有人認為是一種生活哲學）給信徒的挑戰是超越憤怒和痛苦。苦難給予人們斷絕塵緣的修行機會，因為塵緣最終會帶來不滿和痛苦。印度教教導人們要憐憫那些使他們受苦的人。猶太教的傳統是勸誡人們要愛人如己，效法仁慈的神。基督教則是以耶穌基督為典範。耶穌基督也是傳揚愛人如己的美德，祂基於愛，為世人承受不義之苦，而基督徒的任務就是效法耶穌基督，並在愛中與為世人犧牲生命的耶穌基督合而為一。在伊斯蘭教的信仰中，信徒藉由閱讀可蘭經瞭解神是愛與寬恕的神。如同猶太教與基督教，伊斯蘭教信徒的挑戰也是效法神愛與寬恕的本質。

下列是給予那些有信仰或是有宗教信念之人的練習問題：

- 你的信仰是如何闡述苦難？
- 關於苦難的教導，對你個人有何挑戰？

- 你是否瞭解，你的信仰要求你成長為一個完全的人？

再次提醒，試著具體回答你的信仰教導你如何成長，以及如果你順從信仰的教導，你會有何真正的成長。

提醒 43 試著理解你的信仰傳統中，關於以苦難和戰勝苦難為契機，使自己成為一個完全人的教導。

針對在苦難中發現意義的相關提問

問題一

「在苦難中所發現的意義是否不只一個？我已經發現一些意義，這讓我有些困惑，到底哪一個才是針對我的苦難的真正詮釋？」

你不僅是在此刻會發現超過一個以上的意義，而且當你繼續這趟旅程時，你還會發現更多的意義，而且隨著時間的流逝，有些會變得比較不重要，另一些則是對你極為重要的。但為了減少你的困惑，我建議你從我們剛完成的一系列練習中，先專注於你所列出的最重要的前三項意義，並且在寬恕旅程中，保持開放的心，隨時增添或修改你所發現的意義。

問題二

「我所發現的意義，是否會成為我合理化重回那段不健康關係的工具？」

是的，這確實可能會發生。例如：有些人可能會錯誤地推斷：「喔！我從所蒙受的苦難中學會許多功課，如果我承受更多的苦難……我就會學得愈多。因此，為了對方和我的益處，我可以回到那段不健康且具破壞性的關係中，而無須保護我自己。」

請注意，在前段敘述中，我是使用「**錯誤地**」這個詞。是的，這確實是可能會發生，但絕對是不該發生的事。這樣的事之所以發生是源自於混淆，而不是清楚地理解。如果你擁有更清晰的洞察力，你會清楚明白，你不該在對付苦難和發現意義兩者之間失去平衡。任何存在這世界的美好事物都可能被扭曲到一個程度，以致於使其失去最原始的樣貌，其結果也不再是當初所預期的。所以，請注意，極端的觀點會扭曲苦難的真實樣貌，及隱藏於苦難中的意義。有一個方法可以使你避免在苦難中發現意義時落入這種錯誤的思維，那就是問你自己：我是否讓自己陷入危險之中，而且是不知怎麼地，將之合理化為發現意義和使自己成長為一個完全人的方法？如果你的回答是肯定的，那麼，請先避開危險，然後，重新評估如何在不陷入苦難的前提下，發現生命的意義。

問題三

「你是否遇過未能從苦難中或是從寬恕本身發現意義的人？如果有，你是如何處理？」

是的，我確實接過這樣的個案，他們無法從苦難或寬恕本身發現意義，但這種情形通常都是發生在他們剛進入寬恕之旅的時候，而不是在旅程的中點，或之後的旅程。當這種情況發生時，我會在那人面前展開寬恕之旅的地圖，也就是我在本書中所討論的這八把金鑰。當人們明白，寬恕所能給予的遠勝過他們目前所能瞭解及所經歷的痛苦時，他們傾向以更長遠的眼光看待「寬恕」，並且願意耐心地發展更清晰的洞察力。概覽整個旅程可以給予那些一開始處於掙扎中的人希望與挑戰，繼續行在寬恕的道路上，不會因當下的絕望而放棄；長遠的眼光幫助人們看透眼前的黑暗。

問題四

「在苦難中發現意義和因苦難而發現新生命目的，兩者有何差異？」

發現意義是獲得頓悟，這是一個內在歷程。發現新生命目的，雖然也是源自心中的一些想法，卻是以具體的行為和人際關係展現。「生命目的」是指某人在清楚瞭解其生命的意義之後所做的規劃與實踐。

問題五

「當對方持續以不義待我，如同一列載貨的火車朝我的方向奔馳而來，我怎能發現意義？」

當他人在情緒上擊潰我們時，確實會讓我們難以思考。然而，當他人繼續以不義待我們時，從目前所承受的苦難中更努力地發現意義，就變得更為迫切需要，因為我們絕不能被另一個人的殘酷所擊敗。當這個人不在你身邊時，花一點時間操練寬恕，使你的情緒得以平靜一些，然後問自己下列問題：

「我從中學到什麼？」

「在短期內，我該如何保護自己，使自己不會被擊潰？」

「我如何將所學的付諸行動，以終止不義？」

請牢記，寬恕與正義是攜手並進的，在解決問題或是情緒療癒歷程中，寬恕與正義不是二選一的問題，而是**兩者兼具**。

提醒44 寬恕與正義是攜手並進的，所以，永遠不能拋棄任何一方。

問題六

「我不同意『發現意義可以減少痛苦』的說法。對我而言，一個人的生命若積累太多的苦難，其痛苦的程度不會降低，只會上升。當然，我們可以在苦難中發現意義，但你怎麼能說那是減少痛苦呢？」

針對這個問題最直接的答覆是：是的，痛苦確實會上升。然而，從長遠來看，當你依照本書的建議，藉由操練寬恕，為你自己的幸福健康而奮鬥，你的痛苦程度可能會開始下降。這個過程需要時間、動機和操練。試著不要讓今日的痛苦終結你戰勝苦難影響的旅程；不要讓你今日的感受成為一種恆常的狀態。

提醒45 當痛苦加劇時，你必須明白，這不是你最終的狀態；寬恕最終會減少你內心的痛苦，以及苦難所致的負面效應。

問題七

「當我試著藉由發現意義減少痛苦時，我發現自己仍然希望傷我之人也蒙受苦難。這是否意味，我無法成為一個寬恕的人？」

首先，問這樣的問題顯示你有寬恕的動機。試著想像寬恕就像一條連續線，其中一端是對不愛你之人只有一絲絲的寬恕，另一端則是對他擁有驚人之愛，而你目前尚未抵達連續線上那個擁有驚人之愛的終點。正如那些操練寬恕之人所說的：「歡迎來到寬恕俱樂部。」我們都會在寬恕旅途中掙扎，這確實是一趟成長之旅，需要時間和努力。所以，不要因為你又被傷你之人惹怒而自責。你瞭解自己的憤怒（一種報復的憤怒），而且，當你發現自己有這種憤怒時，請重新閱讀金鑰4，再次寬恕這個人。如果你持續操練寬恕，復仇的想法將會逐漸消失。隨著旅程的進行，請記得要溫柔地對待你自己。

問題八

「相較於有多年經驗的寬恕者，從寬恕新手所發現的意義中，你是否觀察到一些典型的意義？」

是的，有經驗的寬恕者與寬恕新手，兩者在發現意義的層面上確實有相當程度的差異。寬恕新手當下所發現的立即性意義，比較類似於：「我瞭解，我必須從中找到情緒療癒的方法，因此，我會努力按著這些短期計畫醫治我受創的心。」經過一段時間，他們所發現的意義則會傾向於他們能給予其他人什麼——這可能包括傷害他們的人，以及他們生活周遭的人。換言之，「給予」會是他們後來的新發現。

問題九

「關於發現意義，你所舉的都是正面的例子，例如：看見『美』、服事他人。但是，如果我所發現的是一些關於我自己內心的黑暗面，例如，我是個自私的人，該怎麼辦？我的寬恕能力是否會因而受阻呢？」

倘若你就此停住，不再繼續你的寬恕之旅，那麼，這確實會成為你發展寬恕能力的阻礙。事實上，覺察自己的缺點是給予你自己一個很好的機會，使你可以針對缺點**有所改進**。這是一個新的意義。你的問題隱含著想要矯正那些缺點的積極想法。這意味著，你所發現的意義改變了，你從「我知道我有缺點」變成「我現在看清楚了，我要委身於矯正我的缺點」。你所提的問題就是一個「正向」的轉捩點：亦即培養品格。

問題十

「我真的很怕在苦難中發現意義，因為我不想直視那些苦難。像我這樣的個案，你有什麼建議？」

許多人害怕檢視他們的痛苦程度，甚至是他們的憤怒程度，因為當他們「直視自己的苦難」（或憤怒）時，他們看不到解決之道。然而，寬恕本身就是有效解決痛苦與憤怒的方法。站在真理之上直視你的苦難和憤怒程度是毫無問題的，因為寬恕是你的安全防護網。藉由寬恕帶給你的自信，你可以直視苦難，然後試著辨識苦難所帶給你的意義，其結果可能會使你的痛苦明顯減少。

提醒 46　你無須害怕「直視苦難」，因為寬恕是你的安全防護網；寬恕可以保護你，使你不因苦難而受創，使你變得更堅強。

最後的練習：強化從苦難中發現意義的能力

最後這三個練習是更進一步強化你使用這把金鑰的能力。

練習十二　每日的宣告

下列的宣告或聲明，旨在幫助你在這趟生命之旅中，尋求對你重要的意義，請每日花一些時間閱讀並且思考這些宣告。

「當我在苦難中發現意義時，它幫助我勇敢地抵抗發生在我身上的不義。」

「我永遠不會因他人的殘酷與卑鄙而絕望，因為那會讓不義贏得勝利。」

「儘管身處苦難，我仍會繼續培養我的寬恕心智。」

練習十三　調整意義的順序

本章所討論的十一種苦難的意義，哪一個最適合目前的你？其次是哪一個？請依照對你個人的重要性，將這十一種苦難的意義依序排列，然後每天努力地專注在最重要的前三項。

意義一：設定能幫助我在短期內應付苦難的短期目標。

意義二：設定可以使我獲得深度滿足，值得我努力的長期目標。

意義三：重新思考我的工作觀。

意義四：無論如何，都要持守真理。

意義五：培養對「良善」更深的理解。

意義六：儘管承受諸多的苦難，也不要失去「我是良善的」之信念。

意義七：更堅定地牢記，我一定要良善，因為這世界已有太多的苦難。

意義八：培養對「美」更深刻的鑑賞力。

意義九：領悟「服事他人」是極具價值的。

意義十：瞭解「寬恕和尋求寬恕」是一種新的生活態度。

意義十一：因為所承受的苦難，學習更多自己信仰的巧妙之處。

練習十四 重新評估你的寬恕體能

我在金鑰 4 提醒過你，你正在強化你的寬恕體魄，而且你必須持之以恆才能維持寬恕的體適能。截至目前為止，你的寬恕體魄鍛鍊得如何？相較於你在前一章所做的自我評估，你覺得你現在的狀況跟之前相比，是更差、差不多，還是更好？如果你覺得比較差，我想可能是因為疲乏的緣故。休息一下，使自己得以重振旗鼓。強化你的體適能不必急於一時，眼光要放遠，並且要懷抱希望。如果你覺得你的體適能和之前的評估結果不相上下，那麼就繼續鍛鍊，使自己可以有更多的成長。如果你覺得自己的寬恕體魄比之前更強健，那就好好享受這種感覺，並且繼續強化。利用目前的體適能繼續強化體適能，使寬恕的體魄更為強健，是令人振奮的舉動。接下來我們要使用金鑰 6，繼續強化寬恕的體魄。

金鑰 6

難以寬恕之時

我今日要反抗

我受到傷害，所以，我要反抗……

不是緊握拳頭，咬牙切齒

不是尋求或是取得權力以宰制傷害我之人

不是藐視或威脅。

我今日要反抗……

帶著愛

帶著仁慈

以及帶著理解

而且，我絕不放棄。

當我們必須應付他人極深的不義行為時，寬恕對方並非易事。畢竟，要以仁慈為禮物送給對你毫無憐憫之心的人是極為困難的。在某些情況，給予寬恕似乎不可能做到；嘗試理解和憐憫對方成為極大的痛苦。我認識一些拒絕使用**寬恕**這個字眼的人，因為它只會令他們憤怒；他們尚未準備好給予仁慈。這不是問題，我們每個人可以按著自己的步調，使自己成為一個仁慈的人。事實上，你既已閱讀到這一章，就表示你已有寬恕的動機。然而，本章的內容要告訴你的是，在寬恕旅程中，你也許會因既有的慣性思考而窒礙難行，也許會被絆倒。「當難以寬恕時」……我們無須依循慣性，而是藉由金鑰6，認真思考如何繼續前進。

要拿起這把金鑰似乎有點嚇人，因為我們所要討論的是寬恕**真正**困難的一面。也許你現在已經有些不安，甚至是恐懼。金鑰1至金鑰5當中的哪些內容可以幫助你處理目前的不安或恐懼？截至目前為止，你已經歷許多的挑戰，回顧那些你已達成的目標，藉以提振你的信心。

難以寬恕的故事

和前幾章一樣，我們要先閱讀一些關於在極難寬恕的情境中給予寬恕的實例。

關於堅忍與時間的寬恕實例

Suzanne Freedman和我曾以亂倫倖存者為對象，進行關於寬恕的科學研究（在金鑰1曾提及）。你可以想像，對這個研究中的每一個研究參與者而言，要成為一個完全人的歷程是何等的困難。之前已經提過，她們每一個人大概都花了十四個月的時間才能寬恕。倘若她們當中有任何人在第五個月，甚至是第八個月就評估自己的進步情形，她們可能會認為，她們尚無法寬恕，甚至可能會對自己「經歷寬恕」的可能性產生懷疑。然而，她們所有人真的都經歷寬恕。接下來的這個例子，將給予你更多的激勵。

其中一個亂倫倖存者在寬恕她的父親之後，到醫院協助照顧瀕臨死亡的父親。她所看到的是父親與生俱來的價值，而非其對她所做過的事。藉著寬廣的視野，她以更清晰的洞察力瞭解父親，看見他所擁有的良善特質，儘管父親曾因心理疾病而對她做出亂倫的行為。回顧自己的情況，她表示，她很慶幸自己寬恕了父親，因為現在她只需面對父親過世的哀傷，她的心已經柔化，所以能哀悼父親。她表示，倘若她未能寬恕，那麼她的情緒就會混雜著哀傷或悲痛，以及憤怒。她認為那樣的混雜情緒絕對是超過她所能承受的。在這個案例中，亂倫倖存者藉由金鑰4和金鑰5的練習，歷經十四個月的時間操練寬恕，結果證實，努力和耐心是她們每一個人成功挑戰難以寬恕情境的關鍵因素。

關於堅強意志與忍受痛苦的實例

另一個實例是Aaron的故事。Aaron的妻子在三年內分別和兩個不同的男性發生婚外情。Aaron是如此地受挫，以致於他無法接受**寬恕**這個字眼。他可以接受像是**接納**、**理解**，和**將這事交託給更高的權能者**這些字眼，但是，他無法接受**寬恕**，或是**仁慈**這種字眼。儘管妻子有婚外情，Aaron藉著堅強的意志，繼續走在寬恕的道路上（雖然他不稱之為寬恕之路），試著尊重他的妻子。使用**尊重**這個字眼，意味著他並未寬容妻子的通姦行為，而是下定決心去理解妻子的情緒困擾，即使他無法接納她作為妻子的身分，但藉著堅強的意志，他接納她作為人的身分。

Aaron最終領悟，儘管他心中仍有滿腔的憤怒，他卻必須承擔這痛苦，以免自己將這痛苦轉移到由他獨立撫養且正在成長的兒子身上。倘若他不承擔這痛苦，他可能會將自己的怒氣發洩在兒子身上。他當然希望自己能盡己所能地幫助兒子健康地成長，因此，他從未在家人面前譴責妻子。他管理自己的情緒，並且不對兒子的不當行為憤怒過度。他堅強的意志和為兒子承擔痛苦的決心，是Aaron寬恕歷程的一部分，即便他從未使用寬恕這個字眼。

善用輕微的冒犯持續操練寬恕的實例

Serika 是個35歲的建築師，她難以寬恕她的老闆，因為她在公司已經工作四年，而且是個非常有生產力的員工，但她是在被辭退前一個星期才接到裁員通知。由於過去對老闆的忠心，使她認為自己遭到了無情的對待與背叛。無論她多麼努力嘗試，都無法消除對老闆的強烈怨恨。她經常夢見與工作相關的惡夢，不斷地夢見自己所遭受的不公待遇，而且這樣的情況已經持續三個多月。

Serika認為自己的寬恕體魄還不夠強健到足以寬恕老闆。因此，她開始以輕微冒犯她的人為對象，更勤於練習我所謂的「寬恕的操練」。例如：她每天練習寬恕孩子們的不當行為。她寬恕自己的哥哥，因為哥哥曾在青少年時無情且粗魯地批評她。對她而言，看見自己的孩子們和哥哥與生俱來的價值，比看見老闆與生俱來的價值要容易得多。

經過一個月的操練，她開始將關於「與生俱來的價值」的學習經驗應用到老闆身上。她發現自己進步了。她依然認為他是個無能的老闆，他雖不完美，但仍是一個擁有良善特質的人。例如：老闆將公司的一些資金捐給當地的慈善機構。他這麼做，不是為了宣傳，而是因為他相信那是一件該做的好事。她最終寬恕老闆，朝自己的新職涯繼續前進。

上述的每一個實例，當事者都面臨難以寬恕的處境，他們所用的方法雖不盡相同，但都成功地擺脫怨恨，成為一個情緒更健康的人。

守護你情緒健康的練習

你也需要守護你的情緒健康。讓我們開始探究，當你難以寬恕傷你很深之人時，需要思考的一些重要問題。

練習一 首先，也是最重要的，守護你與生俱來的價值

如果你陷入無法寬恕和沮喪的泥淖中，你必須先改變你的自我評價。如果你所愛的人棄你於不顧，權力宰制的觀點會使你低估你自己的價值。千萬不要聽信權力的聲音。當別人先定你的罪時，你很容易就會開始譴責你自己。從現在開始，試著反駁權力的觀點。作為一個人，你是誰？你是

一個擁有與生俱來價值的人，即使你的生活充滿了掙扎。你是一個特別的、獨一無二的，且無可取代的人，即使你心中有不健康的憤怒。你不是個寬恕的失敗者，請記住，寬恕是需要時間、耐心和決心的歷程。如果你正掙扎於寬恕的歷程，請不要對自己太嚴苛，因為今日的你在這歷程中所做的，不能作為一個月後判定你是誰的指標。你是誰？

提醒47 儘管被他人所傷害，你仍應瞭解，你是一個極有價值的人，而且你的價值是不能被奪去的。

練習二 把眼光放遠

現在回憶童年時，你和朋友發生嚴重意見不合的那一刻。在那一刻，這個裂痕是否看似永遠的裂痕？真是如此嗎？在多久之後，你和朋友重修舊好，或是結交到新朋友？時間可以改變我們的處境。在此不是要宣揚一種消極的生命態度，像是「喔！我只要等待，不必做任何的努力。」這不是此處的重點。這個練習的重點是將眼光放遠，使你可以看見在那座山丘之後一個更平靜之處，在那裡，痛苦不會這麼地強烈。你已明白，童年時的那些衝突已經結束了，而且那些衝突的影響（悲傷或憤怒的感覺）也消逝了。有什麼理由讓同樣的改變歷程不能適用於今日呢？試著盡可能務實地看見從現在起一個月後的你、六個月後的你、兩年後的你，是個什麼樣的人。是和現在的你一樣嗎？你現在對不義所做的回應和三個月前完全一樣嗎？也許不一樣。當你繼續這趟寬恕之旅，你或許能夠以更大的力量與智慧因應挑戰。

提醒48 當你透過長遠的眼光看眼前的困境，你會瞭解，從今日起的一年後，你的生命將會有所不同。

練習三 對自己溫柔

警醒與抵擋不實的自我控訴是非常重要的，同時也要操練溫柔地對待你自己。我所謂的「對自己溫柔」是指，試著讓自己的心安靜下來，真心地接納你自己；試著以對待你所深愛的人的方式對待你自己。接納自己的不完美，警醒與抵擋心中嚴苛的自我譴責。因為你已經受到創傷，所以，現在的你最迫切需要的是在生活的每個層面培養自我接納感。

下次當你犯錯時，請注意你的自我內在對話。仔細檢查你是否正在心中鞭打自己。如果是，請即刻停止，並且試著對自己這樣說：「我的內心早已受了傷，我不需要再給自己增添另一個傷害，特別是來自心中的自我控訴。我現在應該對自己溫柔。」

練習四 盡可能讓自己置身於良善和智慧的人之中

當你受傷時，誰會鼓舞你？我們都知道，並非每個人都會鼓舞我們。重點不是要你不理會那些看不見你創傷的人，而是要你認真地問自己：「誰真正瞭解我的傷痛，並且對我有足夠的關心，可以成為我療癒歷程的一部分？」這個人可能是你的治療師，但也可能不是。總之，就是特別注意那些願意耐心等待你以你自己的方式療癒，願意陪伴在你身邊，鼓勵你繼續努力從所經歷的不義中獲得療癒的人。

試著列出能為你如此做的人，或者已經扮演這樣角色的人的名字。請至少列出一個這樣的人。在接下來的這個星期裡，試著和他聯繫。你甚至不需要提到你所受的創傷，有時，僅僅只是和單純知道你受傷且願意給你時間療傷的人在一起就已足夠了。

練習五 在必要的時候，尋求專業的協助

如果你認為，你的情緒已妨礙你的機能有效地運作，那麼請思考下列兩個問題：

- 你是否幾乎整天都帶著這些攪擾的情緒？
- 如果是，這些情緒影響你的機能運作有多久了？

如果你的日常生活受到這樣的情緒攪擾已經至少兩個星期，那麼你應該考慮尋求專業協助，處理你的情緒。

人們對專業協助存在一種錯誤的刻板印象，認為只有嚴重的「精神錯亂」才需要找精神科醫師、臨床心理師或其他心理健康照護專業人員諮商。這種刻板印象會妨礙你尋求必要的協助。事實上，尋求專業協助的人是真正勇敢的人。這種專業協助所需的時間視你的情況而定，而且通常不需要很長的時間。你可以這樣思考：所有在候診室等候診療的人，都是因為他們的心受傷了。另一種觀點是：你的治療師可能也曾因內心受創而尋求專業協助。所以，請鼓起勇氣，加入那些因內心受創而需要額外專業協助之人的行列。

更多針對寬恕難以寬恕之人的練習

接下來是針對寬恕歷程的練習。請勿認為接下來的每一個練習都適用你個人的情況。假如當中有一個或多個練習對你沒有任何幫助，那麼就跳過，繼續下一個練習。反之，如果你發現某個練習對你特別有幫助，那麼就特別註記，並且試著每天練習，直到你進入寬恕你難以給予仁慈與憐憫之人的歷程。

練習六 謙卑

十九世紀德國哲學家尼采（Friedrich Nietzsche）藐視「謙卑」的美德，將其稱為「修道士的美德」，而他並不迷戀修道士。尼采對「謙卑」的藐視一點也不令人感到意外，從他自創**權力意志**（will to power）一詞就可一窺端倪。他認為人類的內心具有尋求以權力宰制他人或自然環境的先天傾向，尼采稱這種傾向為「權力意志」。尼采認為，權力就是剷除異己以使自己獲得更大的空間、更多的機會和事物。你認為尼采抱持的是哪一種世界觀：權力或愛？

尼采是透過權力的鏡頭看「謙卑」。另一方面，倘若我們是透過愛的鏡頭看「謙卑」，我們會看到什麼？我們所看到的「謙卑」，不是一種壓抑自己、唯命是從的態度，而是真實且合理地評估「我們身為人的真實身分」。我們和所有其他的人都同享人性，因此，身為人的你，並沒有優於其他人。當然，你的網球可能打得比其他人好，你可能比其他人賺更多的錢，但是，當你檢視所有人類同享的人性時會發現，我們每個人都一樣，我們都需要愛、尊重和仁慈。「謙卑」說：「作為一個人，我沒有比其他任何一個更壞或更好。」謙卑不會發號施令，不會威脅。謙卑會在該發聲的時候發聲，也容許他人發聲。

我最近讀到一個關於謙卑的定義，將「謙卑」定義為「低看自己的重要性」。這真的是「謙卑」嗎？我不這麼認為。「謙卑」不是扭曲自己的重要性，而是恰如其分的自我評價。倘若我不擅長網球，那麼，承認這個事實就是謙卑。但是，倘若我說，我的生命價值低於其他人，那麼，這就是一種扭曲，而非合理且真實的自我評價。

現在開始我們的練習。這個令你難以寬恕的人是誰？他的生命價值是否因所發生的一切而減少？他也許有需要改進的性格缺點，你是否也有需要改進的性格缺點？以「謙卑」的眼光思考這個問題，試著給予真實且合理的評價。

每個人都會遭逢不義，而且，每個人在某個時刻也會對他人不公。就此而論，你和傷你之人是一樣的。

倘若你覺得自己優於那個傷你之人，你是否可以擴展你的理解，體悟你們兩個擁有同樣與生俱來的價值？

在寬恕中掙扎是否使你成為一個比較差勁的人？即使你需要更多寬恕的操練，你與生俱來的價值一點也不會因此而減少。你是否瞭解這點？

試著一天三次對自己說：「傷我之人和我同享共通的人性。倘若我們有機會一起討論所發生的事，我不會說出讓我自己覺得優於他的話。我會說實話，但同時，也會試著避免因優越感或自卑感而扭曲身為人的價值。」你也可以用你自己的話說出類似的聲明。

謙卑會幫助你藉由這些聲明，繼續行在寬恕的道路上。

練習七　勇氣

如果你必須選擇四種道德美德作為生活的準則，你會選哪四個？勇氣是否是其中的一個？兩千多年前，蘇格拉底（Socrates）就選擇了勇氣，他的見解至今仍存留在我們心中。勇氣格外重要，因為它幫助一個人真正持守所有其他的道德美德。柏拉圖在他的經典之作《理想國》（*The Republic*）中告訴我們，所有道德美德中最重要的就是正義，或說是公平地對待所有的人。公平是社會健康良好運作的基礎。勇氣幫助我們遵行法律，尊重其他的家人，並且在職場及個人所處的其他社會群體中與他人公平競賽。

寬恕需要勇氣。如你所知，要以仁慈對待那些對我們不公之人，有時要跨出第一步是很困難的。勇氣幫助我們跨出第一步。寬恕是一趟充滿掙扎的旅程，因此，繼續寬恕之旅有時是很困難的。勇氣會幫助我們繼續這趟旅程。

勇氣並不是毫無恐懼或沮喪地向前，而是，當我們覺得自己的狀況不佳時，勇氣幫助我們得以繼續前行。雖然我們有些許的恐懼、不安，甚至對達成目標缺乏自信，但我們仍會繼續前行。

現在開始下一個練習：回想你生命中的某個時刻，是你必須召喚勇氣才能成就你所要成就的事，而你最後成功做到了。花一點時間，讓這個圖像深深烙印在你心中。這個圖像之所以重要，是因為它確實發生在你身上，是你在不確定自己是否能掌控的情況下，憑藉勇氣繼續前行。

現在反思你剛剛所領悟的事實，試著從下列的聲明開始：「我過去曾展現勇氣，如今我也有能力展現勇氣，未來也能。我要憑藉勇氣完成寬恕傷我之人的歷程。」你可以從委身於寬恕開始。倘若你之前的嘗試並未成功，你可以重新開始。

現在要在這個練習增加一項任務，就是結合你的謙卑與勇氣，將這兩種道德美德融入你的寬恕歷程。這兩種美德的堅固結合可以確保你在寬恕歷程中保持平衡。單單只有「謙卑」會使你失衡，容易讓你認為自己比傷你之人差勁；單單只有「勇氣」同樣會使你失衡，傾向於覺得自己優於傷你之人。只有勇氣而沒有謙卑易傾向於權力追逐或宰制；結合謙卑的勇氣會幫助你謙恭地前行，而不會有宰制他人的衝動。所以，當你勇敢地決定繼續寬恕旅程時，試著以謙卑的心，看清傷你之人和你擁有同樣的人性。這或許能使你帶著更多的自信和較少的恐懼，開啟並且經歷寬恕的旅程。

提醒 49 謙卑與勇氣的結合，能幫助你避免過度地自責與責怪他人。

練習八 一次一小步

我們活在一個講求快速的世界。我們吃飯吃得很快，一首歌尚未全部聽完就切換到另一首曲子，一本書只讀前三分之一就不再繼續。我們要即溶咖啡、即沖即食的燕麥片，以及立竿見影的效果。但這不是我們探索寬恕之旅應有的態度；在寬恕旅程中，我們需要放慢腳步。

到目前為止，在這趟寬恕之旅中，我們所討論過的一些重要問題都列在下面，你的任務就是從中挑選出你需要花更多時間操練的問題。

- 你是否相信寬恕對你很重要？如果是，它有多重要？你有多相信寬恕對你的重要性？花一點時間思考你對寬恕的確信，以強化你的信心。
- 你對目前心中所想到的這個人的憤怒有多強烈？如果你的憤怒十分強烈，那麼你需要放慢你的腳步。當你心中有所掙扎時，請重複金鑰 3

中的一些練習，給自己一個機會，瞭解你的傷口有多深。傷口愈深，你就需要愈多的時間。

- 你是否已能看到傷你之人童年時期的樣貌，及其在童年時期所受的創傷？你也許需要更多的時間，想像這個人童年時期的境遇，及其所面對的挑戰。
- 你花多少時間想像這個人青少年時期和成人時期的境遇？回顧這些觀點，可以幫助你形成更貼近這個人真實樣貌且不易消逝的圖像。有時，我們雖然看見他的創傷，但當我們的內在自我對話不斷地告訴我們，這個人是何等惡劣時，我們會將其受創的事實擱置一旁。你是否又陷入這樣的內在對話？如果是，請多花一些時間操練金鑰 4 的練習。
- 你從苦難中發現什麼意義？你是否相信可以從苦難中發現意義？你是否花足夠的時間練習，在你個人的景況中發現一個或多個真實的意義呢？如果沒有，請花一些時間操練金鑰 5 的練習。慢慢來，不要急於療癒。

練習九　操練耐心

你是否因未能在寬恕歷程中有快速的成長而對自己生氣？這是導致你對自己感到憤怒的內在自我論斷。你不需要更多的情緒創傷，特別是你自己加諸在自己身上的創傷。因此，在你繼續寬恕之旅時，利用這個練習幫助你培養耐心的美德。這個練習分為三個部分。

第一，利用另一個可能惹你生氣的情境，操練對那個惹你生氣之人的耐心。

努力嘗試不要急於發怒，不要急著以傷害對方的言語回應，即使只是小小的傷害。當然，你不可忽略需要被矯正的不義，但是，當對方已經為艱難的一天所困時，你的任務是操練耐心。

第二，覺察今日發生的不順遂之事。檢視你的內心世界，針對不順遂之事，你心中產生什麼樣的自我對話，然後，對自己說類似下列的話：「我要對自己有耐心。我不要在這事上對自己太過嚴苛。嚴苛只會加增我的創傷，我的創傷已經夠多了。」現在，你應將從操練對其他人的耐心中所學的，應用在你自己身上。

第三，在寬恕之旅中也要如此。對你自己說類似這樣的話：「這趟旅程需要一點時間，我不能急，當我繼續這趟旅程時，我要操練對自己的耐心。」每當你開始對自己失去耐心時，你要有所覺察，並且重複下列的聲明：「我的內心創傷已經夠多了，我要對自己有耐心，才不會又添加新的創傷。」

練習十 策略性地使用時間

任何對你重要的事，如果你能特別撥出時間去完成，不是會比較好嗎？例如，我們都知道，倘若我們想經常到健身房健身，最好是設定健身的時間，並且堅持到底。完成家庭作業或其他工作上的任務也是如此。同樣的道理，完成寬恕之旅也需要如此。

針對這部分的練習，仔細思考你每週行事曆上的每日計畫，哪些日子你有空檔可以將寬恕的操練納入當天的計畫？每一次你要花多少時間在寬恕的操練上？我建議你列出時間表，甚至是用你的電腦或手機設定提醒事件，以確保你確實在預定的時間操練寬恕。

即使是做這個練習，你也要操練溫柔地對待自己。我們都知道，生活並不容易，有時候你無法依照預定的時間操練寬恕。只要你不使其成為一種習慣，讓寬恕旅程在你的思想與行動中消逝，就沒有關係。

練習十一 瞭解並操練堅強意志的運用

Lawrence 知道，自己無論做什麼事，從未堅持到底將之完成。在他和伴侶共同居住的家中，有三個房間的門需要整修，但他只整修其中一個，其他的就沒再管了。他修了一門文書處理的網路課程，結果只完成了三分之一。他的專注力非常短暫，而且他缺乏處理這個問題的強烈意願。

當他的伴侶 Elizabeth 罹患癌症時，他陪伴 Elizabeth 經歷漫長的療程。因為Elizabeth有些行動不便，他們搭廂型車到診所。開車的司機Christopher 也曾經歷極大的生活挑戰，因為他在一場嚴重的車禍中差點喪命。Christopher 的身體後來幾乎完全復原，但說話時仍有些急促不清楚，走路也明顯一拐一拐的，而且經常會感到疼痛。對 Elizabeth 而言，Christopher 扮演了教練的角色，他對 Elizabeth 說：「我要妳知道，在這治療的過程中，妳一定會想要放棄。事實上，依據我的經驗，到某個點時妳會說：『我就是無法再繼續了。』我現在要告訴妳，妳一定可以，也一定要繼續下去。當妳想放棄時，請想起我，召喚妳內心的力量。當妳想放棄時，妳務必繼續走下去，因為妳沒有其他的選擇。」

Christopher 說對了，Elizabeth 和 Lawrence 確實走到他們兩個都覺得不想再繼續的時刻。癌症的療程讓他們兩人筋疲力竭，Lawrence 意志薄弱的問題就更加明顯，但是，他沒有忘記 Christopher 給他們的忠告，他召喚自己的意志，告訴自己無論如何都要繼續下去。最終，他在 Elizabeth 發展堅強意志的歷程中給予她最大的支持，Elizabeth 完成了整個療程，而且到目前為止，治療的效果非常顯著。堅強的意志使他們得以成功完成整個療程。Christopher 的忠告在這段歷程中發揮關鍵作用。

現在該你了。接下來兩個練習中的第一個練習是傾聽 Christopher 的忠告，他現在正對你說：「我要你知道，在寬恕歷程中的某些時刻，你會想要放棄，而我此刻要告訴你，你的內在決心比你自己所想的還要堅定許多、許多。讓你的堅強意志有發光的機會，你能夠且一定要向療癒邁進。」

第二個練習是在與寬恕無關的領域中，努力地操練、強化你的意志。如同Lawrence一樣，你家裡可能有需要完成的任務，請列出三項你必須於本週內完成的任務，並且挑出開始這些任務的最佳時機，逐一地完成這些任務。努力完成你在清單上委身要完成的任務。不時地回顧你所列的清單，瞭解你堅強的意志在完成這些任務的過程中如何變得更堅定。重點是，現在你要在寬恕任務中運用這堅強意志。

堅強意志會形成我們在金鑰 2 討論過的堅毅行為。以發展堅強意志的內在決心為起點，然後，讓堅強的意志湧流至你正在操練的寬恕歷程。在你繼續寬恕旅程時，請與你在練習四所列出的那些能夠支持你的人同行。

即使在你感到疲憊且想放棄時，堅強的意志能幫助你繼續寬恕之旅。

練習十二 瞭解並操練「承擔痛苦」

當你因他人的不義而蒙受苦難時，倘若你默默地承受這痛苦，你就是送給你周遭的人一個禮物，因為你沒有將憤怒、沮喪，甚至是怨恨加諸在他們身上。有太多的時候，人們易將自己的沮喪和憤怒加諸在不知情的無辜之人身上。只因這個受創的人拒絕承擔自己的痛苦，最終使那些不知情的無辜之人承接了他的內心創傷。

我並不是說壓抑並且默默地承受心因性的憂鬱和不健康的憤怒是件好事。相反地，此處的重點是：發生在你身上的事是個事實，它確實發生了，是無法改變的事實，而且你已經從那人身上承接了相當程度的痛苦，如今你要如何處理這痛苦？你是會想藉著將痛苦加諸在其他人身上，期使痛苦離開你？還是你會接受傷害事件確實發生在你身上的事實，而不將痛苦加諸在其他人身上？在練習承受痛苦時，請思考下列觀點；倘若這些想法對你有所助益，在接下來的這一週裡，每當你覺得軟弱，不想再繼續寬恕旅程時，請複習這些想法。

「如果我現在承擔這痛苦，我就不會將之加諸在其他人身上，甚至是那些與最初始的冒犯毫無關聯的無辜之人。倘若我未能承擔這痛苦，我的憤怒可能轉移到無辜之人的身上，他們可能會將這憤怒又傳給其他的人，那些人又將之傳給另外一些人，我的憤怒就這樣世代相傳。這是我要的嗎？我希望我的憤怒繼續延續到未來嗎？倘若我今日下定決心承擔加諸在我身上的痛苦，就可以阻止這痛苦繼續延續。我不會說，發生在我身上的不義是「好」的，因為它確實是不好的，但是我會盡我所能地承擔它，而且，當我接受它時，我所承擔的那痛苦似乎開始減輕。這聽起來似乎矛盾，但其實不然。痛苦不會永遠存在，而且，承擔痛苦有助於加速減輕痛苦。」

提醒 51 當你承擔發生在你身上的痛苦時，你可使其他人以及你的後代，免於承受你的憤怒。

練習十三 寬恕英雄是你效法的典範

瞭解並且認同那些儘管遭遇極大逆境，卻仍願意冒險實踐寬恕的人，有時可以幫助你鼓起勇氣繼續寬恕之旅。在這個練習中，我建議你，與我們在金鑰 1 曾討論過的那些寬恕英雄們一起前行，再次閱讀他們的故事，並且藉由他們的故事累積你在寬恕旅程中所需的力量。針對每一個故事，至少寫下一個能夠感動你，且激勵你繼續堅定地走在寬恕道路上的句子。這些英雄們，每一個都是藉著寬恕得勝，你也可以。讓他們的故事激勵你繼續朝著情緒療癒的目標前進。此外，也許你們當中某些人會因為給予寬恕——對方也尋求並且接受所給予的寬恕——而重修舊好。關係的復合並非不可能。

還有另一個寬恕英雄的實例，他的事蹟雖未成為頭條新聞，但你已在金鑰 5 認識這位寬恕英雄——Josiah。Josiah 是社區高中的體育老師、男子籃球代表隊的教練，在遭遇下肢癱瘓的苦難之後，他曾想過要辭掉工作，領取殘障給付，但他最後決定，繼續努力復健以便繼續他的工作。他以嘗試寬恕那個因酒駕而使他癱瘓的人為起點。

他去見律師，試著安排和肇事者見面，但對方拒絕了。即使未能與肇事者見面，Josiah仍花一整年的時間來寬恕酒駕的肇事者。Josiah認為，對方之所以拒絕見面，也許是因其酒駕導致 Josiah 的車子全毀及肢體癱瘓而產生強烈的罪責感，甚至是極深的愧疚。Josiah 認為，這個人因罪責感所受的內心折磨，可能比自己身體癱瘓的傷害更糟。他能夠寬恕這個人，並且重新獲得內心的平靜，而無須扭曲整個事件的真相。

大約在車禍意外發生之後一年半左右，肇事者 Adam 終於同意在雙方律師的陪同下與 Josiah 見面。見面時，Josiah 得知事發當時，Adam 因兒子癌症去世而借酒澆愁，導致注意力渙散。Adam 承認，他當時不應該開車。

Josiah表示，他已經寬恕他了，這讓Adam能夠真誠地道歉。這次的會面，在某種程度上，似乎讓他們兩人的生活得以重新開始。

Josiah 坐著輪椅繼續擔任體育老師和籃球教練的工作。一開始，他覺得坐著輪椅從事這種專業工作是非常令人難堪的。但無論何時，他聽到負面評論的時候，他立刻寬恕那些因缺乏理解和憐憫而說這些話的人。儘管非常困難，他還是成功了。

練習十四 為著對方的益處而寬恕，而非為己利而寬恕

這個練習帶出另一個關於寬恕看似矛盾的論述。當我們不為自己的利益而給予他人仁慈時，我們會感覺好一點，即使在當下這樣做似乎毫無道理可言。當我們給予時，身為給予者的我們會有較好的感覺。這就是這個特別的練習看似矛盾之處。在這個練習中，請對自己說：「我正操練寬恕這個傷我之人。這個人是個受創之人，我正盡我所能地為 [這個人的名字] 做我所能做的。也許我所給予的寬恕可以得到他 [她] 的關注。也許這會成為他 [她] 內在改變的契機。」但只有在你已做好準備時，才對自己這樣說。試著每天三次對自己這樣說，直到你內化這個想法。

要內化這樣的觀點需要時間，因此，你需要有溫柔的心、堅強的意志和毅力。如果你認為這個特別的練習是可接受的，那麼就不要放棄。倘若可行，請堅持這樣的觀點，因為這是領悟寬恕意涵最深的體驗之一。

練習十五 倘若有必要，請修正你對權力和愛的觀點

讓我們再次思考金鑰 2 的內容，使你得以在你難以寬恕之時，更深入洞察你如何針對那段充滿挑戰的日子，進行內在自我對話。如果你是擁抱權力的觀點，這觀點可能會阻礙你給予寬恕，而且即使你寬恕對方，也不會因寬恕而感到滿足。在這個練習中，檢視下列權力和愛的觀點，看看今日的你是站在哪一邊。

權力說：「在寬恕旅程中，我一定要努力不懈直到完全寬恕為止。」
愛說：「我是不完美的，而且我必須重視寬恕歷程，即使寬恕需要時間。」

權力緊握怨恨。
愛放棄怨恨。

當權力不緊握怨恨時，它要的是心中全然沒有絲毫的憤怒或攪擾。
愛瞭解憤怒會再度出現，並不會因此而感到不安。

倘若你未能完成寬恕歷程，權力觀點會使你覺得自己很差勁。
愛會提醒你，寬恕需要時間。

權力慫恿你不要寬恕。
愛認為寬恕極具價值。

權力想要報復。
愛選擇承受，因為愛瞭解在共通的人性層面，你們兩個是平等的。

你是通過權力，還是愛的觀點，檢視你的寬恕成長？寬恕的歷程不是瞬間發生的；即使努力嘗試寬恕一段時間之後，心中仍存留一些憤怒，這只不過說明你是個「人」罷了。你已經承受夠多的痛苦，不需要求自己給予超過你**目前**所能給予的。事實上，任何往寬恕前進的步伐都是一種進步。給自己一些掌聲吧！

練習十六 從犧牲中發現意義

當你為他人犧牲時，你所做的遠超過服事他們。也許他們的內心正在淌血，那麼你淌血的心可以幫助他們止血。例如：Brian 的母親 Yolanda 過度地操控他及其伴侶 Simone。他並沒有因此而與母親疏遠，而是花時間，溫和地透過一些例子讓母親明白，她心中存在著不想讓 Brian 成為一個獨立成人的想法。這是很費勁的一件事。Brian 必須檢視他自己的憤怒，使自己不至於轉而向她發怒；Brian 同時也需要承受些許的痛苦，才能幫助她明白這一切。我們當然也要操練節制，因為犧牲不是損毀你自己。

在為他人犧牲時，你會經歷情緒療癒，這正是弔詭之處。Frankl 博士在他的書《活出意義來》（*Man's Search for Meaning*）提到一個顯著的案例，是關於人在為他人犧牲中發現意義的例子。這個例子雖然與寬恕無關，但我想藉由這個例子幫助你瞭解，「犧牲」的行為如何成為犧牲者的幫助。一個年老的醫生因兩年前的喪妻之痛而求助於 Frankl 博士。Frankl 博士瞭解他是罹患心因性憂鬱症。Frankl 博士問這個醫生：「倘若你比你的妻子先離開這個世界，你的妻子會如何？」這個醫生因這個問題而看見一幅更大的圖像：倘若他先離開人世，那麼就會換成是他的愛妻因憂鬱症而求助於 Frankl 博士。如今她因先離開人世而倖免這多年的哀痛。這個醫生因而領悟，他寧可代替妻子承受這痛苦。

Frankl 博士提供讀者一個值得牢記的深入見解：犧牲一旦與潛藏於其中的合理意義連結時，就會頓時改變。如今這個醫生有了繼續活下去的意義，他願意接受自己比妻子長壽的現實，這證明他愛他的妻子，希望妻子不受到傷害。

另一個實例是 Lea 的故事。Lea 和 Drake 已經結婚五年。那時，Drake 的情緒生活充滿了掙扎與困頓。母親過世之後，Drake 就開始酗酒和賭博。Drake 從他們的共同帳戶，以及 Lea 的父母親那裡偷錢。Lea 花了三年的時間，試圖讓 Drake 和她一起接受治療。治療師最終因 Drake 的堅持拒絕而建議他們離婚。然而，Lea 看到關於 Drake 的一幅更大圖像。Drake 因為和她結婚，離開他西岸的家鄉，搬到她所居住的城市，她瞭解，倘若他們離婚，就沒有人可以給予他支持。

Lea 在 Drake 的生命中看到一線希望。Drake 開始慢慢地瞭解到自己酗酒、賭博和偷錢的行為是錯誤的，且是有害的。但他不知道如何戒除這些行為。雖然 Lea 無法確保他會改變，但她願意為了恢復這段關係的可能性而犧牲自己目前的幸福。

治療師挑戰她的想法，告訴她，Drake 顯現一種行為模式，就是虐待→悔改→又再次虐待的循環模式。治療師認為這種行為模式是不會改變的。Lea 依然決定和 Drake 一起努力寬恕他的母親，因為 Drake 的母親在他成長過程中，經常對他嚴厲批評。在成長過程中，母親很少肯定他（更不用說讚美），因此，他覺得自己是個不合格的人。事實上，Drake 厭惡他自己。當 Lea 幫助他寬恕母親之後，他們開始處理 Drake 自我憎恨的問題，他努力為自己因幼年時所蒙受的虐待，進而虐待他人的所有行為寬恕自己。

大概花了一年的時間，Drake 的憎恨終於消失了，喝酒變得比較有節制，同時也不再賭博了。Lea 挽救了 Drake 的生命和他們之間的關係。她的犧牲是她寬恕 Drake 的一部分，並且在他們兩個人同時治療受創的心時，在他身邊支持他。當然，並非所有關係都能夠像 Lea 和 Drake 一樣有個快樂的結局，特別是如果其中一個或者兩個人都拒絕改變時。在這個案例中，兩個人都需要改變。Drake必須停止對母親與對他自己的憎恨，而Lea則必須減少她對 Drake 的怨恨。Frankl 博士在檢視他自己生命的意義時，發現犧牲態度是具治療性的；Lea 若不是擁有這樣的犧牲態度，她的人生可能就會不一樣。有人可能會說：「你說的對，如果她甩掉他，她的痛苦可能早就結束了。」但是，這不是 Lea 現在的思維。她瞭解，自己改變了她與 Drake 之間極艱困的關係，她認為這是她的勝利，而且她知道，自己在這轉化的歷程中扮演重要的角色，所有的這一切都為她的生命和內心幸福增添新義。

現在開始我們的練習，這個練習包含兩個部分：

1. 你是否瞭解，合理範圍內的犧牲態度可以幫助你寬恕及克服怨恨？我之所以強調**在合理範圍內**，是因為過猶不及。倘若對方拒絕聆聽你所要說的，或者拒絕接受你犧牲的作為，並且開始利用你，那麼就是該重新檢討這個方法的時刻，因為沒有哪一種方法是萬無一失的。如果你瞭解犧牲的態度及其相關行為的益處，那麼你有什麼個人的計畫？寫下來並且思考下列的問題：哪些對你而言是困難的，但你仍願為服事對方而做？你會願意花多長的時間在寬恕歷程？你是否看到對方有想要略微改變的意願，即使只有一點點，如同 Lea 在 Drake 身上所看到一樣？在這個練習中，審慎把握你能夠應付的程度，以免你因犧牲而產生更深的怨恨。一段時間之後，倘若你發現怨恨開始變得更加嚴重，那麼你就該重新評估這個方法之於你的適用性。倘若一切似乎進行得很順利，那麼就盡你所能地繼續做，而且，只要對方願意與你一起改變行為，就繼續運用這個方法。
2. 第二部分的練習，是反思若沒有你的寬恕，這個人也許永遠都不知道如何過道德的生活的可能性。你也許在幫助他成長為一個完全人的歷程中，扮演重要的角色。怎麼可能？這是因為你的寬恕給予他瞭解什麼是真愛，以及看見真愛的具體行為的機會。你的犧牲也許對挽救這個人的生命有所貢獻。當然，你不要犧牲到傷害你自己的程度。此處的重點是，當你**在合理範圍內**奉獻自己時，這樣的給予可能使你的情緒獲得療癒。當你準備就緒，請寫下你可以如何幫助他人療癒。

提醒 52 在合理的範圍內，即使會令自己不安，也願意向對方伸出援手，這就是犧牲。

練習十七 從較易寬恕的對象著手

如果你已經閱讀這個部分，但你仍難以寬恕某個特定的人，也許是該退一步，從寬恕另一個人重新開始。讓我們回到我之前提過的「練習者」的概念，此處的重點是從你較易寬恕的對象著手，以發展你的寬恕體適能。

我建議你先暫時擱置你一直努力寬恕的對象，回到寬恕練習者的練習。繼續這趟寬恕之旅，直到你經歷內在的釋放，且能發自內心地說出「我寬恕這個人」為止。記住，你的寬恕不需要是完美的，你心中可能還有些許的憤怒，但是，如果你能控制那憤怒，那麼你就已經算是完成寬恕之旅了。然後回到那個你難以寬恕的人，以相同的方式重新經歷寬恕的歷程——你現在應該比較熟悉這整個歷程了。

練習十八 從更難以寬恕的對象著手

我在金鑰 4 提過，有時候我們必須暫時擱置目前想要寬恕的人，因為也許是另一個我們更難以寬恕的人，阻礙我們寬恕目前心中想要寬恕的人。所以，我們現在必須回頭檢視那個令我們更難寬恕的人。這聽起來似乎有點奇怪，我剛剛才建議你從比較容易寬恕的人重新開始，這似乎是自相矛盾。

我並沒有自相矛盾。我確實建議你，當發現自己難以寬恕時，先試著退一步，從另一個比較容易寬恕的人著手重新操練寬恕，藉以提升你寬恕的自信。一旦你的自信獲得提升，就應檢視是否有哪個你尚未寬恕的人，阻礙你寬恕目前令你難以寬恕的人，那他將是你應先寬恕的人。以下就是一個實例。

讓我們回顧 Lea 和 Drake 之間的關係問題。倘若 Drake 從自我寬恕著手，他可能會發現，每當他嘗試自我寬恕時，腦海中可能就會浮現他母親的影像。為什麼？他和母親之間的緊張關係，是其內心極大痛苦的根源，他藉由酗酒短暫地緩解心中的痛苦。因此，無論何時，只要他想到自己飲酒過度，心中就會浮現母親責罵他、不愛他和貶抑他的影像。當腦中與心中的這些影像激起他對母親的憤怒時，要他對自己有憐憫心談何容易。

如果 Drake 先降低對母親的憤怒程度，他的情緒明顯平靜時，他的自我寬恕歷程就不會因外加的憤怒而受到阻撓，他的自我寬恕會更加有效。

你也可能在寬恕某人的旅程中，突然想到另外一個令你極為憤怒的人，以致於你無法專注於原先想寬恕的對象。如果你的情況正是如此，當務之急就是辨識出那個令你憤怒的人是誰。你對那個人的憤怒有多深？若先寬恕那個人，是否可以讓你更自由地去面對你原先設定的首要對象？

如果你對前述問題的回答是肯定的，那麼也許你應該暫時擱置你原定的寬恕計畫，先寬恕你剛辨識出的這個人，然後，再回到原先設定的寬恕對象。你也許會發現，這會讓你的寬恕之旅更為順利。

練習十九　將你的寬恕之旅交託給至高者

你也許聽過，「匿名戒酒課程」（Alcoholics Anonymous program）（和其他相關的自助課程）鼓勵參與者將他們的渴望、誘惑和療癒交託給「至高者」（higher power）。**至高者**是比較通俗的泛稱，足以涵蓋許多不同的信仰。

同樣的做法也適用於一個人無力寬恕的情況。精神科醫師 Richard Fitzgibbons於 1986 年在美國心理學會（American Psychological Association）期刊所發表的一篇論文中，針對特別難以寬恕的個案推薦這種做法。這種交託給至高者的做法被證實，對那些無法藉由心理學的方法擺脫憤怒獲得療癒的人有所助益。

如果你有超越物質世界的信仰，你是否願意將你的怨恨交託給至高者（你可以將至高者替換成你的信仰所慣用的稱謂）？你是否願意將你的感受交託給至高者，安息在這個能幫助你走這趟旅程的信仰中？這不是建議你消極地放棄所有的努力。當你需要時間休息和重新得力時，你應該考慮全然地交託給至高者。當你覺得已經重新得力時，就盡己之所能與至高者同工，做你該做的。

練習二十 當不義是令人費解時

有時，不義是如此地殘酷，深深地傷害我們，以致於我們無法理解到底發生了什麼事？而且，當人們面對這樣的殘酷行為時，他們可能會感到困惑和驚恐。他們開始懷疑這到底是一個什麼樣的世界？他們質疑所有人的動機，他們懷疑至高者的存在性，並且離開他們的信仰。在不義發生之後，面對這世上令人難以理解的殘酷問題，可能會比面對最初的不義更令人受傷，而且可能傷得更深。我之所以這樣說，是因為面對這種極嚴重的不義，可能會導致對人性、對朋友的動機，以及對在人際關係中享受快樂的可能性有非常悲觀的想法。

當一個人被這世界無窮盡的殘酷問題所勝之時，我的答覆如下：我們都有自由意志，有人選擇做壞事並不代表所有的人都會選擇做壞事。良善以正義的形式存在這世界上，同樣地，自由意志也存在這世上。我們必須小心謹慎，不要以為所有的事都超越正義與秩序，也不要認為這世上毫無真實的良善，因為這樣的想法容易使人陷入絕望。

現在回到我們的練習：你是否（至少目前是）因為某人的殘酷而對人的良善失去信心？這令人無法理解的不義是否（至少目前是）已摧毀你對至高者的信心？大多數的宗教信仰都認為，因為至高者尊重個別性，所以至高者尊重個人的自由意志，因此，這世上無可避免地會有人做出不好的選擇，我們自己也會做出不好的選擇。你是否瞭解這個觀點，或者你已經徹底背棄至高者？若是如此，背離這個超越你自己的力量源頭，為你的個人幸福健康帶來正面還是負面的影響？針對這世界的殘酷、至高者、你對前述兩者的回應，以及寬恕之旅的艱困提出艱澀的問題是很重要的。你的世界觀，包括你對無法理解的不義及其如何在這世界運作的信念，是否有可能比最初的不義更讓你憤怒？

提醒 53 如果你相信至高者的存在，不要因有人與你為敵而背離至高者。

針對難以寬恕的提問

問題一

「我已經做了本章的練習，但是我依然無法確定，我是否能夠寬恕這個傷我之人，因為我心中仍然感到憤怒。我現在該如何繼續前進？」

我在金鑰3就曾指出，對你自己情緒療癒的能力缺乏自信，是你內心創傷之一。我之所以再次提出這點，是因為這個問題可能仍會阻礙你的寬恕之旅。檢視你的自信，倘若你仍缺乏自信，請回到練習十七，針對你較易寬恕的人，重新操練寬恕。寬恕人的成功經驗能使你有更好的準備，得以進一步寬恕那些你特別難以寬恕的人。

問題二

「截至目前為止，我已經操練寬恕好幾個月了，但我仍感憤怒。我認為，憤怒代表我沒有寬恕。你可以幫助我嗎？」

這個問題和前一個問題的不同之處是：前一個問題中，提問的人是在缺乏自信中掙扎，而這個問題的提問者則是與殘留的憤怒搏鬥。針對這個問題的回覆是：你的憤怒有多強烈？你是否被憤怒所操控？倘若你並未被憤怒所操控，而且你覺得自己的憤怒已經減輕了，那麼，你正朝著正確的方向前進。

我們必須小心謹慎，不要在寬恕之旅中追求完美。的確有些人的憤怒會完全消失，而且，即使憤怒曾再度出現，其出現的頻率也非常的低。但有些人，他們的憤怒會來回波動。重點不是憤怒是否再度出現，而是評估每次憤怒出現時的強度。倘若是屬於中等程度（過去是非常強烈的），而且只是短暫出現，你就該對自己溫柔些，不要過於強求。已故的Lewis Smedes在他的《寬恕與忘卻》（*Forgive and Forget*）書中強調，當你期待對方過得好時，你就知道自己是在寬恕對方，這是一個很好的提醒。雖然你心中仍殘留一些憤怒，但你是否依然期待對方過得好呢？如果你的回答是肯定的，那麼你正處於寬恕對方的歷程中，你應為此給自己掌聲。

迎向未來面臨難以寬恕的時刻

當你愈堅持操練寬恕……一次又一次操練時，你將會發現，寬恕就會成為一個熟悉的朋友。寬恕不是一種技能，而是一種道德美德，並且你擁有一些可以幫助你在這美德中成長的金鑰。但是，這美德仍包含某些技能。當你操練寬恕時，你的寬恕心智就會愈來愈敏銳；你會變得更容易從苦難中發現美好而真實的意義；你會變得更能夠辨識苦難的真實樣貌，苦難也因而不再是令人恐懼的神秘事物。當你操練寬恕時，你對自己是個寬恕者的信心會增強，那時，你會瞭解，雖然寬恕本來就不是一件容易的事，然而，一旦你成為一個寬恕者，即使面對非常難以寬恕的情況，你仍可以很快地進入寬恕的歷程，並且獲得令人滿意的結果。

我們現在要拿起另一把金鑰——自我寬恕，許多人認為這是「難以寬恕時」的一部分。

金鑰 7

學習寬恕你自己

這個傷你之人……

將他的不幸加諸於你

在你心中留下你現在需要清理的爛攤子。

你……

現在會將這個不幸加諸於其他人

讓他們來收拾這個爛攤子？

抑或是你……

會寬恕並且終止不幸與爛攤子繼續流傳呢？

喔……而且，這個傷你之人其實就是你自己。

基於某些因素，金鑰 7 所要打開的這把鎖，比前面六道鎖還要難以開啟，也許是因為我們多數人都是嚴以律己、寬以待人。金鑰 7 所打開的這個房間裡的焦點人物就是……你。當然焦點不全然是在你身上，正如你將會看到的，但本章所討論的許多內容會聚焦在你自己身上，以及當你違反自己的是非標準時，你對自己的傷害。你無須感到孤立和孤獨，因為我們所有活在這世上的人都是如此，我們**都**曾違反自己的標準。當我們操練自我寬恕時，讓我們先檢視兩個實例：Pedro 和 Jennifer 的故事。

Pedro，47 歲，擁有自己的庭園設計事業，但他的內心非常痛苦。他為自己和已故父親之間的互動感到遺憾。他曾當著父親的面，說他是個毫無價值的人，然後就離家出走。當 Pedro 回家時，父親看都不看他一眼。如今父親已過世了，Pedro 無法尋求父親的寬恕。他覺得被自己年輕時所做的這個不成熟的舉動給困住了。

如今自己的兩個兒子也已成年離家，這更加添他的痛苦。他後悔自己在孩子還小的時候，沒有花足夠的時間陪伴他們。由於忙於經營自己的事業，Pedro 總是很晚才拖著疲憊的身體回到家，因此，無法給予兩個成長中的兒子所需要的關注。如今他覺得自己從未與兒子們建立適當的親子關係，他的這種想法也從兒子們很少探訪他的事實得到確認。他認為他們親子之間存在著無法跨越的鴻溝。

Pedro 無法收回他對父親說過的話，也無法取回他從孩子身上所竊取（他是如此描述）的時間。他說，他被卡住了。他因背負這種種悔恨而厭惡自己。

Pedro 的景況並不像他自己所想的那樣令人絕望，如果他操練自我寬恕，就有希望恢復親子關係，也更能接納自我。

Jennifer在 22 歲時曾擔任行政助理的工作，當時她住在一個高消費的大城市，所以薪水不足以支付其日常生活開銷。那時她剛好負責管理公司的帳目，於是她開始每個星期從公司偷取小額的錢，這樣的行為大概持續兩年之久，累計其所竊取的金額估計約有幾千美元。

如今她已婚且育有一子，她因自己數年前所做的這種不成熟行為而對自己感到強烈的失望。雖然公司並未因她的竊取行為而有嚴重的損失，但 Jennifer 很清楚，自己拿了不該拿的錢。她羞愧地告訴丈夫這件事。已離職多年的她，仍然不願意向那間公司的老闆提起這件事，因為萬一她需要重回職場，可能就會因此而拿不到推薦信。她厭惡自己，且活在極深的罪惡感中。雖然她試圖成為一個好妻子與好母親，但因這個看似無解的罪惡感，使這目標變得更難達成。作為一個有宗教信仰的人，她曾尋求神的寬恕，雖然她覺得這樣做對她有幫助，但她仍然無法除去心中的羞恥感，特別是因為她未曾歸還那筆錢。她覺得自己應該做些什麼，否則可能會情緒崩潰。最後，她考慮為自己的偷竊行為寬恕自己。

你也許知道，「自我寬恕」這個主題，在心理學的文獻上是一個具爭議性的主題。因此，我們的首要任務就是讓你瞭解其爭議性，以及我對相關爭議的回應。然後，你可以自己決定，「自我寬恕」是否適用你的情況。如果適用，你就可藉由一系列的練習，幫助你為自己的不義行為寬恕你自己。

關於「自我寬恕」的爭議

自我寬恕之所以受到爭議，主要是因頗負學術聲望的Paul Vitz和Jennifer Meade於2011年在*Journal of Religion and Health*期刊共同發表的一篇論文[10]所致。Paul Vitz和Jennifer Meade在該文中從六個觀點批判自我寬恕。我們將在本章針對每一個觀點進行探究，此外，我還增加第七個問題。如果你擔心根本沒有所謂的「自我寬恕」，或認為它是一種不合宜的寬恕，那麼，我鼓勵你閱讀接下來的七小節內容。它們十分具有哲學性，因為如果要解釋得清楚，我就必須如此回應。另外，如果你已確信，當你違背自己的道德標準時，自我寬恕是合理且適切的，請直接閱讀標題為「自我寬恕的真實意涵為何？」的部分（第186頁）。

現在，讓我們針對每一個關於自我寬恕的批判審慎思考。

宗教信仰並無關於「自我寬恕」的教導

Vitz和Meade指出，從遠古至今，並無任何關於鼓勵人們寬恕自己的文獻記載，這或許是因為「自我寬恕」不重要，或是不適當。但是，對我而言，文獻中**確實存在**「自我寬恕」的教導。例如：希伯來聖經，特別是在利未記，人們被鼓勵要愛鄰舍如同愛自己。在基督教的新約聖經，特別是在馬太和馬可福音書，又再次重申這個教導。這個教導所隱含的假設是，

---

10 Vitz, P. C., & Meade, J. (2011). Self-forgiveness in psychology and psychotherapy: A critique. *Journal of Religion and Health, 50*, 248-259. doi: 10.1007/s10943-010-9343-x

我們**愛**我們自己——這是基本假設——而且這種對自己的愛，應該是我們將同樣的愛擴展至鄰舍的基礎。所以重點是，這些教導都假定，我們是愛自己的。當我們寬恕他人時，寬恕所指為何？寬恕就是愛那些冒犯你的人。倘若你冒犯你自己，使你感受不到這樣的愛時，難道重新愛你自己是不合宜的嗎？我的回答是，我們要愛我們自己，而且當我們深深地傷害我們自己時，我們更需要努力重拾對自己的愛，此時，我們就需要「自我寬恕」。

自我寬恕導致自我的「分裂」：善的自我和惡的自我

Vitz和Meade提出一個具挑戰性的主張：當一個人自我寬恕時，他看到的是一個善的自我（寬恕者）和一個惡的自我（犯下惡劣行為的人）。他們堅信，像這樣在心理上將自我一分為二——善的自我和惡的自我，會造成自我寬恕者的混淆，進而導致其心理不健康。

請仔細思考並回答下列問題：針對身為一個擁有與生俱來價值的人，我們是否能在「你是**誰**」和「你的**行為**」兩者之間做出重要的區分？我們都會犯錯，有時還會做出令自己後悔的行為，不是嗎？當我們做出令自己後悔的行為時，我們會說，這是「惡的自我」在作祟，還是會更精確地說，我們的**行為**很惡劣？你是否可以辨識「譴責你這個人——擁有與生俱來價值的你自己」和「對**你所做的事**感到失望」這兩者之間的巨大差別？在我看來，Vitz和Meade指出一個與自我寬恕無關，但卻與自我寬恕如何**被扭曲**有關的重點。當我們準備寬恕自己時，我們不說：「我是一個惡劣／毫無價值／愚蠢的人。」我們應該說：「我做了惡劣的事。儘管我有掙扎，也不完美，但我還是一個有內在價值的人。」畢竟，當我們寬恕他人時，我們並不將他們看作是壞**人**，而是**做了壞事**的人。我們的任務是如同我們寬恕他人一般，重新喚醒一個犯錯者的內在價值感。

自我寬恕不也是如此嗎？難道我們不能在某個時刻，將我們的「人性」

和我們的「行為」分開，以取代創造出分裂的兩個自我？我認為，人們若創造出分裂的自我——善的和惡的——他們就是陷入一種錯誤的自我寬恕，這是需要被修正的。若有人誤解自我寬恕的概念，以致於他對自我的認知分裂成善惡兩方，這並不是自我寬恕本身的「錯」。此外，若有人因自己的「惡劣」行為，而無法看見自己與生俱來的價值，這也不是自我寬恕本身的「錯」。這個「分裂」問題是源自於心理學上對自我的錯誤認知，因此，關於自我分裂的批評並不適用想要自我寬恕的人。

自我寬恕潛藏著法官兼被告的利益衝突

Vitz和Meade提出一個卓越的論點：當我們犯錯時，我們不該是自己的審判官。例如：假設有人因偷車而被送進法院，倘若法律允許這個人判他自己有罪或無罪，這將是荒謬絕倫的。Vitz和Meade的結論是自我寬恕是錯的，因為一個人不能同時是被告（做錯事的人）又是法官（替自己解套的人）——這是一種利益衝突。

但是，寬恕他人是否曾在法庭上發生？未曾有過。是的，有些人可能因看到法院的庭審而寬恕，但未曾有法官在法庭上寬恕被告，因為法官必須公正。倘若甚至連法官也可能有寬恕被告的需求，這意味著他也被冒犯，在這種情況下，就不該由他負責這個案子。當我們寬恕他人時（不是我們自己），我們並不負責判定對方應得的懲罰，宛如我們是有權決定是否給予對方懲罰的人。相反地，我們是試著去愛那些不愛我們、對我們不公的人，藉此操練仁慈的美德。換言之，在法庭上尋求寬恕是扭曲寬恕本質的行為。難道在自我寬恕中，我們不能如同在法庭上一般，限制自己不扭曲寬恕的本質嗎？

當我們自我寬恕時，我們並不是要免除自我懲罰，而是試著去愛我們自己，使我們得以擺脫自我憎恨——這是一種針對「我是誰」的「分裂」

類型（彷彿某人既應該被愛，同時也該被憎恨一般）。事實上，針對自我憎恨這類的案例，自我寬恕扮演重要的角色，它能減少「分裂」的扭曲心理，幫助個人用更多的愛「接納」他自己。

總而言之，我們並不是在法庭上寬恕自己。我們是盡自己最大的努力重新建立對自己的愛，我們曾因自己的不當行為而失去這種愛。

自我寬恕會扭曲合理的自我補償

這個概念是源自於人不能作為自己的審判官的主張，因為一個人無法看清什麼才是對自己最好的補償（就是以良善與公義解決問題）。如我們所知，作為一種仁慈的表現，寬恕本身並不要求傷害我們的人對我們做出補償。倘若我們要求對方做出補償，我們就是在操練正義的美德，而非操練仁慈和寬恕的美德。因此，當我們寬恕自己時，我們不會要求自我補償，或是彌補我們對自己所做的事。

無論何時，我們被他人所傷，在生氣之餘，我們容易誇大對方應給予我們的補償。針對這種扭曲補償要求的危險性，要求自我補償和要求對方為其加諸於我們的行為做出補償，兩者有何不同？當然我們可以尋求其他人的忠告，幫助我們盡可能要求一個合理的解決方案。我的重點是補償向來就是難以釐清的問題，特別是當我們生氣時，更難釐清什麼才是合理的補償。

最後一點是，我們總是針對自己的不完美做自我評估。例如：如果你總是容易吃太多、運動太少或對他人沒耐心，你是否會因為無法精確地知道自己是何等的不完美或該做些什麼改進，而不願意做自我改善的努力？你難道不會無論如何都要繼續前進嗎？自我寬恕也是尋求自我改善，當無法愛自己，甚至是對自己的行為失望時，我們仍應盡己之所能地：(1)看清我們已經得罪我們自己；(2)承認我們需要回歸愛自己的真實人性，而非陷入自我憎恨之中；(3)再次啟動愛自己的自我改善歷程，以重獲作為一個完全人的真實感受。

自我寬恕是極端地重視自我進而導致自戀

假設你的腿因意外而有極深的傷口需要縫合，於是，你將注意力完全集中在那個傷口上，使盡全力衝到急診室，花費時間努力治癒那個傷口，這樣做是一種「極端」嗎？當然不是。就心理與生理而論，這都是處理身體創傷的健康方式。

當有人殘酷地待你，倘若你集中注意力，將時間和精力投注在能使你的情緒獲得療癒的寬恕歷程，這樣做是一種「極端」嗎？當然不是。這是一種健康的回應方式。

然而，即使是像治療腿傷和因他人的不義而致的情緒創傷這類的追求，都可能被扭曲到一定程度，以致於你尋求療癒的行動變成是一種不健康的行為，例如：清洗和包紮受傷的腿只需十五分鐘，可是你卻花十個小時。當你寬恕他人時，若是把自己關在房間裡，強迫自己寬恕，完全忽略你的家人，這將會如何？相對於以健康的方式尋求身體和情緒的療癒，這些都是失衡的表現。

自我寬恕不也是如此嗎？我們不需要一天花十個小時寬恕自我。我們也不需要把自己關在房間裡，完全忽略我們的家人及其他一切事物，只專注在自我身上。倘若有人如此做，這不是自我寬恕的「錯」，而是一種對自我寬恕的扭曲。事實上，Vitz和Meade的這個論述不僅無傷「自我寬恕」的適切性，反而是對「自我寬恕」提供一個很好的提醒：凡事過猶不及，自我寬恕不應過度重視自己。

從整全生命的必要性與需求性的觀點，我們能以適切的方式寬恕自我。如同關注受傷的腿或因他人不公的行為所致的情緒創傷，自我寬恕不必然會導致自戀性的自我追求。難道人們不能藉由關注這個人、那個人，然後是關注自己，而非藉由「分裂」自己的人格、擺脫正義感約束，或是迫使自己過度自我迷戀的方式，成功地實踐寬恕的美德嗎？

為什麼不單投注於自我接納，卻要投入扭曲的自我寬恕歷程？

Vitz和Meade在其最後的解析中，提出一個全然不同的方法：自我接納而非自我寬恕。我的看法是，自我接納是否和他們所理解的自我寬恕一樣，會導致同樣的問題（只有利益衝突這個問題除外）？畢竟，就像關於自我寬恕一樣，從遠古至今，所有的宗教經典對於自我接納皆無明確的記載。自我接納是否也會導致自我分裂的問題：無法被接納的自我和可被接納的自我？自我接納難道不需要對受傷的自我給予補償？如同我們在自我寬恕中論到自我補償一般，自我補償在自我接納過程中，不也是容易被扭曲嗎？這種自我接納的追求，是否也可能導致極端地關注自我，特別是我們難以接納自己之時？

唯一例外的是利益衝突的問題。當一個人自我接納時，不是扮演法官的角色，因此就不會導致法官兼被告的利益衝突問題。但是，誠如我之前所述，當一個人自我寬恕時，他也不是扮演法官的角色。

關於自我接納的最後一個論點，我認為自我接納也許是非常困難的，甚至比自我寬恕還難，因為「接納」不像「寬恕」一樣有詳細而明確的心理鍛鍊歷程。如果有人要求一個被強暴的受害者，接納加害者加諸在其身上的事，你能想像那是何等的困難嗎？為什麼當得罪自己的人是自己時，就會有所不同呢？我認為，當我們因自己違反自己的道德標準而感到驚愕時，我們需要的是比「接納」更有效的藥——寬恕就是這帖更有效的藥。這也是為何我會關注那些駁斥自我寬恕的觀點。倘若針對自我寬恕的批判論述夠紮實，能夠證實自我寬恕是危險的、不合宜的或是虛幻的，那麼我就會拋棄「自我寬恕」的觀點。但從上述我針對自我寬恕的批判的反駁中，你應該可以瞭解，我並未在那些駁斥自我寬恕的批判中看到紮實的論證。

提醒 54 認為自我寬恕是不合宜或是會造成心理性危險的警語，似乎是聚焦於自我寬恕的錯誤形式，而非自我寬恕本身。

為何不是適度的自愛，而是自我寬恕？

雖然 Vitz 和 Meade 並未提到這個問題，但它是依據他們的討論直接衍生出的問題，因此，我們也該探究這個問題。對我而言，在深刻地得罪自己的特殊情況下，適度的自愛（不是自戀）**就是**自我寬恕。別忘了，當我們寬恕其他人時，我們是試著去愛他們，而且只有在**我們被人惡劣對待**時，才將這種愛的行為稱之為**寬恕**。有鑒於此，**寬恕**是指在不義和受傷害的情境下嘗試去愛，因此，當我們在對自己做出不義和傷害行為的情境下，試著去愛我們自己時，我們稱之為**自我寬恕**。

自我寬恕的真實意涵為何？

我們已經知道當你寬恕自己時，你不是做宗教傳統未曾教導的事；你也不是將自我「分裂」成善的自我和惡的自我；你也不是在法庭上扮演法官兼被告的角色；你力求自我改善而非自我補償；你不會迷戀自己而墮入自戀；你所做的是超越「接納自我」。

當你自我寬恕，你是對自己操練仁慈的美德。接下來的論點非常重要：

你要以自己作為美德的操練對象，例如：對自己公平（正義的美德）、關心自己（寬厚和智慧的美德），並且當你在生活中學習新事物時，耐心地對待自己。如果你能接受以自己為對象，操練上述美德，為何要讓人阻擋你以自己為對象，操練這些美德中最重要的一個——在面對失望、遭遇責難和自我憎恨時，愛你自己呢？

當你自我寬恕時，你是因自己的行為而覺得自己不值得被愛，但仍努力地去愛自己；你所給予你自己的，正是你給予那些傷你之人的禮物：無論你的行為如何，你都擁有與生俱來的價值；你的價值勝過你的行為；即使你不完美，但作為一個擁有與生俱來價值的人，你能夠且應該尊重你自己；你做錯了，而且你必須矯正你**加諸於他人**的錯誤行為。論及自我寬恕時，你絕對不會只是得罪你自己（這是我截至目前的觀察），你一定也冒犯了其他人，所以，自我寬恕也涵蓋努力地尋求被你所冒犯之人的寬恕，並且補償你對他們所造成的傷害（在實際的狀況下竭盡你所能），這不是 Vitz 和 Meade 所說的**自我**補償，而是**對被你所傷之人**的補償。因此，寬恕他人和寬恕自己兩者有所不同，後者需要你向那些因你的行為而受到傷害之人尋求寬恕，而且你必須努力地以正義對待他們。

提醒 55　自我寬恕包括向被你的行為（這行為也傷害你自己）所傷之人，尋求寬恕與做出補償。

練習一 在進入自我寬恕之前：你的自我評斷是否太過嚴苛？

誠如 Vitz 和 Meade 所言，我們可能會誇大或扭曲自我寬恕的歷程。將自己的不當行為想成比實際的狀況還要糟，就是其中一種現象。仔細思考下列的例子。在母親過世之後，Mary就因自認她為母親做得不夠多而陷入焦慮，而且這種焦慮的症狀已經持續幾個月之久。即使Mary已在母親死亡前，將母親接到自己家裡照顧她一整年，但Mary仍為罪惡感所困。她甚至開始憶起，自己年幼時是何等的不乖，導致母親在親子教養上遭遇更多的難處。

在哀傷中，Mary在自己的身上尋找完美，但無法找到，所以她的自責純粹只是因人性的不完美而非真正的不義。當我們所愛之人過世時，就可能會產生這種扭曲的想法。哀傷的過程也許會喚起我們對自己過去不義行為的記憶。那些關於不義行為的記憶，深藏在我們心中的小閣樓，而且只有在我們回憶已逝之人，想到我們應該可以為他做更多時，它們才會從塵封已久的記憶中顯現。我們想要收回一些我們曾說過的話或做過的事。然而，有時這種哀傷會誇大我們人性的不完美，這種情況並不適用自我寬恕。在這種情況下，真正需要做的是針對那些不完美和良善的意圖給予更明確的評估，瞭解自己是過度反應。

如果你是誇大你的行為，把單純的人性不完美視為是極惡劣的行為，那麼在你開始自我寬恕之前，你必須先讓自己擺脫這種不當的罪惡感。這不是要你低估真正的不義，更重要的是容許自己掙脫那些錯誤的自我控訴的綑綁。這種釋放需要智慧和勇氣。你是否願意鬆開那些需要脫去的綑綁？只有在**違反真實的道德標準**時，你才需要自我寬恕。

今日你要抑制腦中自我控訴的聲音：「但願我做得更多。」你已經做了……，你做的很多了，你應該釋放你自己。請以下列的想法取代你腦中的自我控訴：「我不完美，但這不表示我是個不好的人。」現在開始進入自我寬恕之旅。

練習二　選擇一個真正需要自我寬恕的事件

在這個練習中，請挑出一個因你違反自己的標準而對自己感到失望，並且產生真實的罪惡感的合理事件。這事件是在何時發生的？你做了什麼違反自己是非對錯標準的事？若以 1 至 10 的等級區分，你現在的感覺有多糟？如果你給自己 5 分或更高的分數，這就是一個真正需要自我寬恕的事件。請接著做下一個練習。

練習三　這個令你感到失望的行為的影響為何？

你從探究寬恕他人的歷程中已經得知，當不義發生時，一定會產生一些後續的影響，像是憤怒、疲憊，或是你的心思因所發生的事而被這個人所佔據，甚至你對自己的看法也因而改變。當我問你下列問題時，你可以在札記中記下，或者在你心中思量該行為所產生的影響。

1. 你有多氣你自己？同樣是以 1 至 10 的等級區分。如果你給自己的憤怒等級是 9 或 10 分，那麼你需要考慮，也許你需要一些專業的協助。當我們有極強烈的情緒，且持續很長的時間（超過兩週）時，我們有時候是需要專業的協助。

   當 Pedro 開始因自己對父親及兒子的行為寬恕自己時，他給自己的憤怒等級是 8，他討厭自己。他知道，當他開始處理這些關於自己父親和兒子的問題時，他必須操練耐心，一次只處理一個問題。你也必須如此，這是非常重要的。只聚焦在一個事件（從練習二開始），這樣你才不會被這一系列的練習擊潰，而且在自我寬恕的旅途中，要記得休息。

務必留意 Vitz 和 Meade 關於自戀傾向的批判，你要對「過度關注自我」有所覺察，因為這是不健康的。使這一系列的練習成為你生活的一部分，而不僅只是未來幾天或幾週所需完成的任務而已。你也許需要花上數個月的時間，方能戰勝你目前心中的憤怒。再次提醒，當你繼續自我寬恕旅程時，請務必對自己有耐心。

2. 你是否感到疲累？生自己的氣會消耗你許多的精力。開始認真看待「自我寬恕」使 Jennifer 明瞭，她因對自己的憤怒而消耗部分的精力，以致於她沒有充分的精力照顧自己的小嬰兒。你是否因無法接受自己的行為而感到憤怒，進而難以善盡自己應盡的職責？

   人們常會藉由轉移注意力、使自己過度疲勞，甚至是不睡覺，以平靜自己憤怒的情緒。請檢視你自己的日常生活，看看你的疲憊是否是因目前的生活型態所致，以便你打破令自己疲憊的生活模式。你目前需要改變哪個日常生活的行為，才能減輕你的疲憊？請寫下關於如何改變這個令你疲憊的行為的一些構想。繼續你的自我寬恕之旅，也許會使你對此更為瞭解。

3. 你有多常想到你違反自己標準的這個特別事件或情境？當有問題需要解決時，有時人們會反覆思考所面對的問題，直到問題解決為止。我認為那是在挑戰中完成任務的一種適應方式。然而，倘若你得罪自己，且找不到自我寬恕的途徑，你就會卡在反覆思考自己的過犯循環中，而未能解決你的問題。就如同汽車的輪胎陷入泥淖無法行駛一般，愈是用力踩油門，輪胎就陷得愈深。當這種情形發生時，你可能會浪費許多時間反覆思索自己所犯的過錯——你深知，這對解決問題毫無幫助。試著覺察你對這件事或情境的思考模式。你是否被該事件所束縛？你是否常常夢見它？如果你的情況正是如此，這表示你的思考模式正在奪去你的內在平靜，你更加需要改變這種思考模式。

4. 最後，倘若你要寫一個關於「作為一個人，你是誰」的故事，你會怎麼寫？你會認為自己是個失敗者嗎？你會覺得自己的價值低於其他人嗎？當你嚴重地違反自己的標準時，就容易陷入自我憎恨的危險。如果發生這種情況，你也許就會下意識地藉著暴食或嗜睡、放棄運動，或是做一些自我毀滅的事，以懲罰你自己，而未能好好照顧自己。例如，前述 Pedro 的案例，他明知抽菸對自己不好，但他卻藉由抽菸懲罰自己。Pedro 不在乎抽菸對他身體可能造成的傷害，因為在內心深處，他覺得自己不是個好人。他既然不喜歡自己，又何必關心自己的身體健康？

你是否也因為自己所犯的過錯，而以不易察覺的方式懲罰你自己呢？倘若你已準備好，現在就請你寫下關於你自己的故事；如果你的生命中存在著自我嫌惡和自我懲罰，也請將之納入你的故事中。然後反思，你可以如何改寫這個故事，使你可以溫柔地對待自己。如果自我懲罰出現在你的生命故事中，你需要拿出勇氣改寫你的生命故事；你需要藉由自我寬恕改變這種自我懲罰的思維與生活模式。

練習四　瞭解什麼是自我寬恕，什麼不是自我寬恕

現在是……小考時間！請先不要回頭重新閱讀本章，直接寫下或是在心裡思考自我寬恕的定義：什麼是自我寬恕？什麼不是自我寬恕？並且盡你所能地寫得精確些。這個練習的重點是要使你瞭解，在自我寬恕旅程中，你將會需要做的事，所以，請務必盡可能地精確。

現在回到本章標題為「自我寬恕的真實意涵為何？」的那一節（第 186 頁），你剛才寫下的想法和那節的內容是否有不同之處？你是否有所遺漏，例如：因自己的不義，你需要盡你所能地尋求對方的寬恕，或是力求正義的步驟？你是否相信，自我寬恕是件良善的事（正如我所認為的），抑或是你仍有些猶豫，認為它是不合宜的（正如 Vitz 和 Meade 所主張的）？當你真正瞭解自我寬恕的意涵，以及在情緒療癒的道路上你需要做些什麼時，請繼續接下來的練習。

練習五　對「作為一個擁有與生俱來價值的人，你是誰」有更深的理解

在練習三中你如何描述你自己？在那個練習裡，找出你否定自己擁有與生俱來價值的所有徵兆：你是特別、獨一無二且無可取代的。每一個否定你與生俱來價值的陳述都是一個謊言，你無須再繼續為這類謊言所欺騙。

你是否擁有與生俱來的價值……就在現在？當你還是剛出生的小嬰兒時，你是特別、獨一無二且無可取代的；當你還是個正在學走路的可愛小孩時，你是特別、獨一無二且無可取代的，你需要給予愛和接受愛；當你

還是個試圖瞭解生命意義的青少年時，你是特別、獨一無二且無可取代的。無論在你生命中發生過什麼事，無論你曾對他人做過什麼，無論你曾對自己做過什麼，你是特別……獨一無二……且是無可取代的。倘若你不相信這個事實，現在就試著寫下一個能彰顯你與生俱來價值的例子，以反駁你目前所持的信念。你一定可以找到這樣的例子，而且我現在要你花一點時間認清這個事實。在看見並寫下能證實你擁有與生俱來價值的實例之後，我要你做另一個練習：找出第二個例證。證實你擁有與生俱來價值的例證確實存在，你需要找到它。

電影《阿甘正傳》（*Forrest Gump*），這個被視為愚昧的Forrest，在越戰中救了一個海軍上尉——Dan。在救援過程中， Dan 在其部隊被攻擊時失去了雙腿。正當Dan陷入自我憎恨，為失去雙腿的自己不再是過去擁有雙腿的他而哀傷時，Forrest 看著他，非常真誠地說：「你——你仍然是海軍上尉 Dan。」就算失去雙腿、當下的軍人職涯和對自己的正面評價，一點也不會減損「他仍然是海軍上尉 Dan」的事實。你仍然是那個擁有與生俱來價值的你嗎？如果你認為不是，你就是被一個天大的謊言所欺騙。

提醒 56 當你得罪你自己時，你也許會失去你與生俱來的價值感。此時你應該重申這個事實：你是一個擁有與生俱來價值的人。

反思下列問題，如果你不同意當中的任何一個說法，試著以一個合理的反證駁斥你的不認同。是否所有的人都擁有與生俱來的價值，即使他們無法行走，如同那個海軍上尉 Dan 一般？是否所有的人都擁有與生俱來的價值，即使他們失去所有的錢財、所愛的人，或是他們的健康？是否所有的人都擁有與生俱來的價值，即使他們對自己感到失望？如果是，那麼，即使你對自己感到失望，你「也」擁有這樣與生俱來的價值。

練習六 對你自己有憐憫心

你是否曾幫助過無法回報你的人，像是安撫一個小孩、捐錢給一個值得信任的慈善機構，或幫助一個老人提重物？在那個時刻，你心中有何感受？是如石頭般地冰冷，還是充滿溫暖與愛？憐憫心就是與受苦的人**同受苦難**。

你現在就是一個受苦的人，所以，你該憐憫你自己如同你憐憫他人一般。無論你的所作所為是好的，或是不好的，都要柔化你對待你自己的那顆心。以柔軟的心對待你自己，只因你是……獨特且唯一的你，這是單純卻十分重要的。你是一個正蒙受苦難的人，而且你現在可以溫柔地對待你自己如同對待一個受創傷的人。請重新認識你自己。請反思下列問題：你與生俱來的價值是否勝過你的不完美？你是否看見自己是個受到創傷的人？當你回顧受創的自我時，你的心有何變化？你對待自己的那顆心是否開始有一點軟化了？如果是，這證實你已開始對自己有憐憫心。

如同之前提過的 Pedro 的案例，當他領悟到，對自己有憐憫心是一件合理的事時，他不僅可以為過去的行為寬恕自己，而且也能為因過去的選擇所導致的痛苦而抽菸的行為寬恕自己。他瞭解到，自己是藉著抽菸傷害自己，但這樣做只是為他自己的生命挖一個更深的坑罷了。

無論別人怎麼說你……無論你怎麼說你自己……無論什麼——現在是該迎接你自己回到人類的正常狀態的時刻。不屈不撓地追求自我憐憫，如同在你生命的某個時刻對其他人所做的一樣。為了幫助你堅持這個追求，我建議你，至少花一個星期的時間，閱讀旅程記錄中，關於你那受傷的自我，以及你那顆因領悟自己是何等受創而正在柔化的心，藉此培養並且強化對你自己的憐憫心。

提醒 57 瞭解你自己的真實價值：無論如何，你都是一個值得你花時間、尊重和憐憫的人。

練習七 承擔因你自己的行為而對你自己及其他人所造成的痛苦

我們在金鑰 6 提過 Aaron 的案例，他堅決地承擔因妻子不忠所造成的痛苦。你也曾在寬恕練習中，操練承擔因他人不義對你所造成的痛苦。現在請為你所做的事，以你自己為操練的對象，練習承擔痛苦。你已經知道承受痛苦是怎麼回事，因為你曾練習過。請依據你既有的知識和經驗，練習承擔因你自己的過錯所導致的痛苦。你所犯的錯已經發生了，你已無法改變，但是你可以改變你的回應方式，而其中一種方式就是承擔你自己所造成的痛苦，使你不至於……

- 繼續懲罰你自己
- 繼續憎恨你自己
- 將你的痛苦加諸在他人身上
- 只因曾在生命中的某個時刻蒙受極大的痛苦，就為這個世界留下痛苦的後遺症。

承擔痛苦就是持守勇氣。當你承擔痛苦時，你將不再因為毫無價值的追求而分心，也不會因拒絕承擔痛苦而傷害你自己的健康。當你承擔痛苦

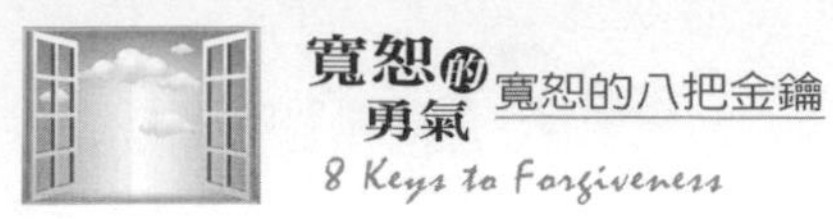

時，你不再是痛苦的給予者，而是痛苦的承擔者。

請藉著下列具象化的方式，幫助你承擔因你自己的行為所造成的痛苦：想像你現在是坐著，並且看見一個你不想拿起來的很重的袋子。袋子裡裝滿了你對自己和他人失望的痛苦回憶。然後，你站起來，拿起袋子，將袋子背在你的背上。你現在是更堅定地站著，這個袋子是你可以承擔的，事實上，它幫助你瞭解自己有多堅強。當你持續背負這個袋子時，你感受到袋子的大小和重量正逐漸縮減。當你繼續背負袋子時，你是真正在幫助他人免於背負和承擔它。藉由承擔痛苦，你成為他人的保護者。

那麼，作為一個人，你是誰？你是否擁有與生俱來的價值？你現在是否開始瞭解這個事實？這個意念是否深植你心，使你得以擁抱這個關於你自己的真理？

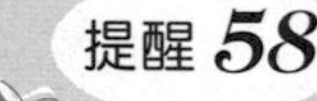

當你能夠為你自己所犯的過錯而承擔痛苦時，你會變得更堅強。

練習八　送你自己一個禮物——以仁慈對待你自己

寬恕就是仁慈；仁慈就是愛；愛就是成為一個禮物的給予者。你已經送過禮物給其他人，現在的重點是送你自己一個禮物。你可以為你自己做些什麼寬容的、溫柔的和慈愛的事（這一切行為必須是在合理的範圍內，如此你才不會如 Vitz 和 Meade 所告誡的，變成一個自戀者）？請發揮你的創意。以之前提過的 Jennifer 為例，對她而言，送給自己的禮物，就是開始思考具體的策略，使自己最終能卸下隱藏於心的罪惡感重擔。她認為自己應該先告訴丈夫，讓丈夫知道她對公司做了自己都無法接受的事。然後，兩個人一起思考解決這問題的方案。接著就是把錢歸還給公司。她認為這不僅僅考量到其他人的益處，同時也對自己有益。

重點是以最真誠的方式迎接你自己重返人類的社群，並且讓這個歡迎儀式不僅只是一句「哈囉」，因為那只會把你再度放逐到黑暗中而已。你是否可以花一些時間休息；或者開始參與一些運動課程；或者打電話給朋友；或是對自己再次重申，你是具有極大價值的人；或是為進入練習十一關於「補償」的練習做好準備？請以對待摯友的方式對待你自己。你尊重他人，現在你也要尊重你自己——不是因為你優於他人，也不是因為你是一個自戀的人，而單單只因為你是一個值得被尊重的人。

練習九　當你寬恕自我，你是在學習什麼？

寬恕，包括自我寬恕，是一趟發現之旅。請在旅程中反思下列問題：當你繼續操練自我寬恕時，你有什麼關於你自己的新發現？現在的你與之前的你有何不同？你的心正處於什麼樣的狀態？你是否更能欣然接受你自己？更能包容你自己？更愛你自己？更能愛其他的人？

當你培養愛自己的能力時，請同時以那樣的愛去服事其他的人。因為重新得力，你為著他人的益處給予服事之愛；因為重新得力，你開始尋求寬恕，並且為你自己的不義做出補償，這些是接下來的練習所要探討的主題。

練習十　尋求他人的寬恕

現在是該鼓起勇氣，問你自己這個令人難以回答的問題的時候了：「除了我自己之外，還有什麼人因我所做的受到傷害？」一個小提醒：請聚焦在本章一開始你所列出的情境。當你處理完這個情境之後，你可以再去處理其他的問題。也許因你的行為而受到創傷的人不只一個。此處的重點是聚焦在那些因你的行為直接受到極深傷害的人，而不是些微地受到打攪，或只是小小困擾（就是很快消失的困擾）的人。

1. 有計畫的方案有助於你向對方尋求寬恕，因此，你的首要任務就是提出一個尋求寬恕的方案。仔細思考你會如何尋求寬恕：透過電子訊息、實體的信件、電話，或是當面談？哪種方式最合適，完全取決於對方可能會產生的反應。人們有時會認為，以電子訊息的方式尋求寬恕，表示那是無關緊要的事。但是，也有人喜歡電子訊息的方便性，以及它能給予對方充分的時間閱讀、重複閱讀，然後才回覆。所以，盡你所能地找出適合對方，且能充分傳遞你尋求寬恕的需求及意圖的最佳方式。
2. 仔細構思你所想說的話。以前述 Pedro 為例，他決定寫一封實體的信給他的孩子們。他在信中以溫暖的問候作為開始，然後表達他對於自己是這樣的父親而感到非常抱歉。他對於自己的所為做了一些解釋，使他的兩個孩子可以更清楚地瞭解他為何會心有不安。然後，他請求孩子們寬恕他。以下是取自該封信的摘錄（基於個人隱私，我已重新改寫過）：

> 「我知道，我現在請求你們的寬恕，也許不是你們想聽的。我未曾陪伴你們，因此，我們之間有情感上的距離。這是我的錯，

我想為此負責，並且告訴你們，我是何等地對不起你們。你們或許需要一些時間考慮。你們一開始的反應也許是有些憤怒，但這沒有關係。就長期而言，我希望你們能夠認真考慮接受我的請求，使我們全家人得以一起討論這痛苦，並且開始獲得療癒。我愛你們，所以我冒著不知你們會如何回覆的風險，花時間寫這封信給你們。謝謝你們考慮我的請求。」

3. 當你尋求他人的寬恕時，請牢記，人們很容易誤解「寬恕」的真義，因此，你應該要清楚地表明你的請求。你不是要任何人低估你的所為；你不是要他們忘記所發生的一切，或只是對所發生的事釋懷；你也不是說，一切都「沒問題」；你甚至不是要他們立刻就寬恕你。如你所知，寬恕是需要時間的。你現在是請求那些因你的行為而受到傷害的人，看見你與生俱來的價值。這價值不是取決於你的所作所為，而是不管你做了什麼，你都擁有這與生俱來的價值。你是懇求對方給予仁慈。就本質而論，懇求仁慈不同於追求正義。仁慈是看見行為者生而為人所擁有的與生俱來的價值；你是擁有與生俱來價值的人，被你的行為所傷之人，也是擁有與生俱來價值的人，因此，你們應以仁慈彼此相待。所以，當對方準備好時，你們需要面對面一起解決問題。

接著，就是當對方的回應不是你所預期的，你必須有操練謙卑的準備，不要讓對方的回應點燃你心中的怒火，使得原本是要尋求寬恕，卻反而演變成另一場爭執。你要為對方可能拒絕寬恕而做好心理準備。倘若對方的回應是嚴厲且不公平的，那麼，就考慮為其回應的方式或是未做出回應而寬恕對方。要為這種可能性做好準備，試著想像被拒絕的情境，以及被拒時，你的心會如何反應；想像如果被拒絕，你會說什麼、做什麼。請務必做好被拒的準備。

4. 承擔等待的痛苦。當我們對另一個人或其他人敞開我們的心，而他們卻還沒準備好接受我們的請求，這是非常艱難的處境。承擔等待的不確定性的痛苦，可促進對方給予合理的寬恕回應，也有助於你個人的情緒健康幸福。前述 Pedro 的案例，他一開始並不知道，寄出那封信的同時，也是他操練「承擔痛苦」的開始。但當兩個孩子未依他所期望的時間回信時，他的初期反應是更加的憤怒，最後導致焦慮。那是因為那時的他尚未準備好面對孩子們的回應，無論是正面的或是負面的回應。當Pedro瞭解「承擔痛苦」的必要性時，他的心就更為堅強，且對投入尋求和接受寬恕的歷程有更好的裝備。
5. 為幫助對方進入寬恕歷程做好準備。許多時候，你的道歉會比你所預期的更能軟化對方憤怒的心。寬恕的歷程若是始於真誠的道歉，會使整個寬恕歷程進行得更快且更順利。容許對方表達憤怒的時間也是十分重要的。回想你面對所遭受的不義時，那段令你感到憤怒的日子。倘若憤怒的階段對你寬恕他人很重要，那麼，它對你現在尋求寬恕的對象也很重要。你的耐心會對尋求和接受寬恕的歷程有所助益。

   在這歷程當中的某些時刻，為了有好的互動，你也許需要溫柔地教導對方，何謂「與生俱來的價值」及其重要性。你必須懷著謙卑的態度，很有技巧地展開，否則對方可能會認為，你試圖掌控其寬恕的歷程。
6. 最後，要瞭解尋求和給予寬恕的不可預測性。寬恕的旅程並非筆直的旅程，不是所有的人都能快速走到終點，從此過著幸福快樂的日子。憤怒可能會再度出現；有些人也許需要暫時停下腳步休息一段時間；也有可能是因為一些對寬恕的誤解而使進程後退。但是，當良善的心有時間理解寬恕的真義，以及如何操練寬恕時，好事就會發生，這包括關係的恢復，即使是已疏離多年的關係也能重新建立。

提醒 59　尋求他人的寬恕需要謙卑與耐心，因為你是給予對方按著他自己的步調寬恕。

練習十一　做出補償或尋求其他形式的正義

當你傷害你自己和其他人時，尋求寬恕並非最後一個步驟。當雙方達成共識，接納彼此是一個有價值的人時，這確實是一個勝利。但還差最後一步：你現在必須盡你所能地補償你從他人身上所奪走的一切。

有時我們無法給予實質上的補償。以 Pedro 的情況為例，他無法歸還他「從孩子們身上所竊取的時光」，因為他無法回到過去修正他當時的錯誤。但是，他現在可以做的是盡其所能地做一個好父親和好祖父。就某種意義上，他現在可以藉由他的參與和愛，補償孩子們過去那段被偷走的時光。他們一家人必須共同經歷，瞭解那段過往對他們的生命所造成的創傷，而那創傷最終會在他們的家族史中留下疤痕，成為一個提醒，告訴後代子孫，這個家曾經歷痛苦，但他們選擇以勇氣克服那個痛苦，不讓那個痛苦毀了這個家。

之前提過 Jennifer 的案例，她的情況比較複雜，她需要為自己多年來一直隱藏這個犯行而先尋求丈夫的寬恕。他也許會因為這個秘密，以及必須思考關於公司方面該如何處理而感到憤怒，然後是他們針對該公司所做出的決定本身。

當 Jennifer 向丈夫坦承她所做的事，他雖然倍感困擾，但並沒有訓斥她或不接納她。他給予她的支持超過她所預期的。當他們花了數週的時間處理他們自己的問題之後，他們開始擬定補償該公司的計畫。他們並未向該公司直接坦承 Jennifer 過去所做的，而是決定連本帶利地歸還那筆錢。他們把錢捐給該公司的慈善基金會。他們夫妻共同寫了一封沒有署名的信，附上匿名捐款。他們決定不署名，使他們不會因那筆捐款而從該慈善基金會獲得任何他們所不應得的讚揚。Jennifer和她的丈夫對此都很滿意，她終於能夠卸下多年來沉重的罪惡感。她寬恕她自己；她尋求並且接受她丈夫所給予的寬恕；她連本帶利地歸還該公司因她的竊取行為所損失的那筆錢。

提醒 60 嘗試修復因你的不義所導致的傷害，需要勇氣和創意。它可以幫助你從罪惡感中得著釋放。

關於自我寬恕的提問

問題一

「我已經試過本章的練習，但我仍然無法寬恕我自己。現在該怎麼辦？」

如同寬恕他人的歷程，自我寬恕也是需要時間和耐心。倘若你仍未曾感受釋放，你首先要做的就是仍聚焦於你在練習二所挑選的這個事件，然後，跳到練習五和練習六，繼續操練關於與生俱來的價值和憐憫心的部分。

如果你依然有困難，請檢視一下，在尋求寬恕的過程中，你是否遺漏了任何人？是否有哪個對你很重要卻被你所傷的人，你尚未向其尋求寬恕？記下這些人的名字，然後按著這個清單採取應有的行動。如果你仍有尚未尋求寬恕的人，這可能會延遲你的情緒療癒。因此，一旦他被你指認出來，請盡你所能地對其做出補償。

問題二

「我同意 Vitz 和 Meade 的論點：自我寬恕是不合宜的。你認為，我是否可以只是尋求他人的寬恕，並且做出補償，但不做其餘的部分？」

可以的。就你的情況而論，也許直接試著向你必須尋求寬恕的人尋求寬恕，並且做出補償就已足夠了。有許多案例顯示，當人們只做這兩件事，而沒有練習自我寬恕，其情緒問題也可以獲得改善。但是，當你發現尋求寬恕和做出補償仍不足時，你也許要考慮操練自我寬恕。但無論如何，這都必須是出自你自己的選擇。我認識一些人，他們就只做了你所說的那兩項，就獲得極佳的結果；但我也認識另一些人，他們卻依然未能獲得內心的平靜，直到他們開始操練自我寬恕，喚醒自己與生俱來的價值感，並且操練對自己的憐憫心（除了對其他人做出補償之外）。

問題三

「和 Pedro 一樣，我也有抽菸的習慣。在鼓勵我戒菸的同時，我的醫生也瞭解，戒菸對現在的我而言，已經完全不是我的自由意志所能控制，我已經上癮了。當我的行為已經完全不是我所能控制時，我是否還要操練自我寬恕？換言之，此時的我，並沒有選擇去做不好的事。」

是的，你可以寬恕自己，如果自我寬恕是你的選擇。原因是：你選擇抽菸是在你尚未成癮的時候。那時你確實是憑著自由意志做出選擇，然後依你自己的選擇採取行動。所以，你可以為著那個導致你成癮的最初選擇寬恕你自己。即使是現在，你雖處於成癮的狀態，你仍有許多選擇，像是，如果有其他人在同一個房間內，你要抽或是不抽；是否要參加戒菸課程，以及要投注多少心力在戒菸課程。即使是在成癮的狀況下，你**確實**仍有選擇的自由意志。而且，即使這些行為對你的身體健康有害，但你仍可為這些行為寬恕你自己。

問題四

「我因酒癮而一次又一次地傷害我自己。我的父親也有酒癮的問題，我的祖父也有。我目睹他們兩個在無法克服酒癮時陷入自我憎恨的景況。繼續自我寬恕對我愈來愈困難，因我已對自己失去耐心。你有什麼建議？」

要為一件不會再犯的錯寬恕自己是相當容易的，但正如你在問題中所暗示的，當你因重複犯同樣的錯而對自己失望時，自我寬恕就會變得比較困難。此處的核心關鍵是繼續寬恕你自己，即使是每天都必須重複，也永遠不要放棄。請牢記，所有的自我寬恕都包含：尋求因你的行為而蒙受傷害之人的寬恕，並且對那些因你的行為而蒙受傷害之人做出補償。尋求寬恕和做出補償需要勇氣。

當人們陷入自我憎恨，如同你的父親和祖父，就容易放棄以健康的方式回應挑戰，這是一種自我懲罰的方式。這種自我懲罰會對你和因你的行為而受到影響的人造成相當程度的傷害，因你並未改變你的傷害行為。當你藉由自我寬恕降低你對自己的憤怒，就比較不會潛意識地藉由推翻有助於你戒酒、能使你更健康的可行方案，將你對自己的憤怒發洩在自己身上。

瞭解成癮並未完全奪走你的自由意志，這是極為重要的。在面對成癮的挑戰時，你並非完全無助。倘若你極端地認為酗酒是遺傳基因的問題，無法為個人的意志所左右，也不可能有任何正向的改變，你就會絕望地向酒癮認輸。但倘若你面對酒癮的挑戰時，採取積極的作為（包括自我寬恕），就會產生令人意想不到的正面效果。我的研究團隊和我針對戒毒者所進行的科學研究結果顯示（在金鑰 1 提過），當那些戒毒者寬恕其他人（不包括自己）時，他們的心理狀態會出現穩定且正向的改變[11]。因為自我寬恕和寬恕他人是類似的歷程，所以，我認為，自我寬恕也會為你帶來類似的正向結果。

自我寬恕及你的未來

自我寬恕就像時光機器，容許你回到過去，消除因你自己的一些行為對你和他人所造成的傷害。本章的練習旨在給你信心，使你相信你確實能從違反自我期許的罪惡感中得著釋放。與信心同樣重要的是你要瞭解，作為一個不完美的人，你未來很可能會再次做出令你自己失望的行為。但你現在擁有可以抵抗失望，甚至是自我憎惡的有效武器。你太重要了，不該耗費時間和精力在「我毫無價值」的謊言上。請繼續操練「你是特別的、獨一無二的，且是無可取代的，如同這世上的每一個人」的思維模式。當你對自己失望或是對他人失望時，這樣的思考可以作為你的保護。我們已經花了很多的時間在探討**思考**的問題，接下來是本書的最後一章，我們要將重點轉移到探討關於**心**的問題。

11 Lin, W. F., Mack, D., Enright, R. D., Krahn, D., & Baskin, T. (2004). Effects of forgiveness therapy on anger, mood, and vulnerability to substance use among inpatient substance-dependent clients. *Journal of Consulting and Clinical Psychology, 72*(6), 1114-1121. http://dx.doi.org/10.1037/0022-006X.72.6.1114; PMid:15612857

金鑰 8

培養寬恕的心

這是否真的可能……

寬恕可以喚醒沉睡的世界嗎？

在這喚醒的過程中，你也可以有所貢獻嗎？

即使人們對你就像對待一隻流浪貓，為要使你安靜不作聲而用鞋子砸向你……你會使人因你繼續給予愛而感到震驚嗎？

最終，其他人會感謝你將他們從沉睡中喚醒嗎？

你將會有一個全然清晰的新人生目的嗎？

這是可能的。

你是否已準備就緒，要以金鑰 8 開啟旅程中的最後一道門？當我們打開這道門時，你也許需要稍微遮一下你的眼睛，因為房間裡由愛所閃耀出的燦爛光芒，比外面的世界還要明亮。當操練寬恕時，心中的愛通常是從一小點開始萌發，然後隨著時間慢慢成長。當你對抗殘酷，並且勝過殘酷所衍生的挑戰性影響時，愛會使你經歷喜樂。這樣的寬恕並不容易獲得，必須在心中慢慢培育才能得到。

截至目前為止，我們所做的大多聚焦在發展寬恕的心智，現在我們要以最後一把金鑰進入最重要的一道門。這把金鑰要開啟我們的心，依據古希臘的教導，心是我們情緒所在的位置；寬恕的心是你獲得療癒的核心。

開啟寬恕之心的案例

為了幫助你由衷地給予寬恕，讓我們先探究 Avila 這個案例。Avila 的前夫 Andreas 三年前拋棄這個家。離家出走前，Andreas 留給妻子 Avila 的是極為嚴厲的批判和責難，而他同時也對自己非常不滿。

Avila知道，前夫的問題和他的父親有關。Andreas的父親在其成長過程中，很少陪伴他。因為缺乏父親的關注與關愛，Andreas 對一般人缺乏信任感。但 Avila 認為，只要他們的生活穩定下來，丈夫應該就會放鬆，並且領悟她會永遠在身邊陪伴他。她以為，只要他的信任感慢慢搭築起來，一切都會變好。然而，事實並非如此。

如今 Avila 漂浮在疑惑之海。當她開始寬恕的歷程時，她將一本關於寬恕的書擱在床頭的小桌上有數星期之久。無論何時，她瞄到那本書，就立刻將目光移開，她就像一個身材變形的人，進入體育館中，看著那些令人感到困惑的健身器材對著自己微笑，向她發出戰帖。

當她開始寬恕歷程時，她感到非常困難，因為童年的訓練已經將她制約，使她認為寬恕是一些機械性的程序，而不是獲得情緒療癒的開「心」手術。她的父母厲行一些常規，要求犯錯的孩子：「說，你很抱歉！」然後，要求被冒犯的孩子接受道歉。這是一種刻板的程序，未能正向地打動孩子們的心。

後來，Avila藉由深入思考瞭解，Andreas是「人」，是擁有與生俱來價值的人。她瞭解且同情 Andreas 因缺乏信任感而承受情緒痛苦。當她寬恕Andreas，並且開始使用「寬恕」這個詞時，她並不認為他們將恢復夫妻關係，而是，不管 Andreas 的行為如何，她都視他為一個有價值的人。

Avila每天都花時間思考：「Andreas作為一個人，是個擁有與生俱來價值的人」，直到她對他的心開始軟化。我要再次強調，這並不是意味她會尋求恢復他們的婚姻關係（因為他已經離開了，而且沒有任何跡象顯示他會再回來），而是開始瞭解他的創傷有多深。別忘了，Andreas 主動拋棄了一個深愛他的妻子、兩個非常棒的孩子，以及充滿關懷、保護與愛的生活。拋棄如此多的事物，代表他的人生已經毀了一大半。如今她為他感到悲哀，而不是對他有所憎恨；她不再半夜醒過來，為所失去的哀傷。隨著她對Andreas作為「人」本身的關心逐漸增加，她對Andreas毀了她「期待的生活」的憤怒逐漸釋懷。

這種「心的成長」特別重要之處是：Avila 不再在他們的孩子們——Brigid 和 David——面前說 Andreas 的壞話，哪怕是不經意的也不曾有過。孩子們因而不必再背負「選邊站」的重擔。事實上，她以尊重Andreas的態度和孩子們談論他們的父親，儘管父親有錯，他們仍保留尊敬父親的想法。不貶損 Andreas，是 Avila 給孩子們的一個禮物，因為就心理上而言，她把他們的父親還給孩子們。Avila知道，Andreas遲早會試著重新獲得孩子們對他的愛，使他可以陪伴孩子們。Avila正藉著與孩子們談論Andreas的時機，為這可能發生的事預作準備。這也是 Avila 盡力給前夫的一個間接的禮物。

隨著 Avila 心中的愛開始成長，她最後瞭解到，Andreas 父親的內心也受到極深的創傷。這個擴展的視野並未合理化Andreas的父親未能參與孩子成長過程的行為，而是幫助她更加看清他們兩個生而為人的事實。他們都帶著極深的創傷活著，以致於他們也將類似的創傷加諸在他人身上。

雖然Avila開始寬恕歷程時並未抱任何的希望，但「希望」卻在她心裡慢慢成長茁壯，成為激勵她的源頭。期待更美好未來的盼望，在「[她的]心裡微笑」，因為她開始明白，好事**會**發生在她身上，這不是帶有任何童話故事色彩的扭曲思想。她有更多精力傾聽孩子們的聲音；她掙脫那種被拋進深淵的感覺；她不再垂頭喪氣地以低沉的聲音對她自己說：「任何努力都是枉然」。「任何努力都是枉然」是一個大謊言。她並未得到生命中一切她想得到的，這雖然是個事實，但是，更真實的是，生命中所發生的事件並未奪走她內心世界的愛、仁慈、寬恕和喜樂。她明白，當她每日操練寬恕時，她懷有更新內在生命品格的盼望，或者，這也許是她生命中第一次真正擁有這些品格。

練習一 在盼望中成長

考慮將這樣的想法放在心中：「我不必接受一個不斷困擾我的內心世界。我不要接受一個充滿負面思想和情緒的內心世界。從此刻起，我可以忘記背後，努力面前，使我的內心世界可以容納更多的愛、仁慈、寬恕和喜樂，如同 Avila 一樣。我對達成這目標懷有盼望。」

寫下上述的思考內容，將之貼在冰箱門上，或放進你經常開啟的抽屜，或放到你的皮包或背包裡，使你每日得以多次反覆閱讀思索這個思想。

提醒 61 你能夠且應該懷抱希望行在寬恕的道路上。

繼續與 Avila 同行：讓愛成為生活的準則

就在 Avila 的內心開始重燃希望之際，她發現自己的內心深處隱藏著一個事實：愛是她作為一個擁有與生俱來價值之人的核心。我太常見到人們因被生活所擊潰，而遺忘這個關於「存在」的重要事實：「我必須給予並且接受愛，因為這是我人性的一部分。」Avila 開始領悟到，在生命中的某些時刻，她的內心確實曾經歷且意識到愛的存在。她回想過去發生的一個事件，那時的她內心充滿喜樂、活力與期待，只因她知道在這個世上至少有一個人支持她，而且愛她。那是她因病毒感染發燒而留在家，父親回家時買了她喜愛的甜點，坐在她的床邊，和她分享他一天的生活，真心地關心她那一天過得如何。父親關心她……一個擁有與生俱來價值、值得被愛的人。那種內在的體悟曾經非常真實地進入她心裡，如今仍鮮活地存在她心中，是無人可將之奪走的真實體悟。

Avila 瞭解，正如她能不費任何力氣就陷入悲觀主義的思維中，她也能重新點燃心中鮮活的愛——是無人能從她身邊再次奪走的。當然，如果她不留意或有所懷疑，她心中的愛可能就會被偷走。但是，不同於錢包或皮夾，一旦被偷就不復存在，愛不是一個物件，即使被偷了，愛仍深藏於她的內心，隨時都可以被汲引與顯露出來，成為她生命的核心。

練習二　告訴自己：你愛人，也為人所愛

回顧你的生命中，曾有人不是因為你的所作所為，而是單純地只因為你這個人，而無條件地愛你的那一刻。那時，**你是誰？**「我是一個愛人而且為人所愛的人。我是個惹人愛的人，而且我也是能夠給予他人極大之愛的人。我的內心曾經歷愛，因此，我非常清楚知道我所尋求的。」請在未來的一週，每日至少反思這個想法一次。

提醒 62　你是個愛人者，那是你其中的一種身分；寬恕能幫助你再次展現你愛人的能力。

繼續與 Avila 同行：愛比其遭逢的任何不義更強而有力

Avila 在其心中所培養的愛，不是那種能得到他人回報的愛，至少在她與前夫Andreas的關係中，她的愛是得不到回報的。她是把愛給予奪走她的愛的對方；她是把愛給予另一個缺乏愛、甚至是個虐待者的人。給予這樣

的愛比給予能得到回報的愛要困難許多。當我們給予一個跌倒、膝蓋受傷的小孩愛和安撫時，至少他會給你一個擁抱，把你當成是他痛苦中的守護者。Avila 瞭解，將這樣的愛給予一個不把她當成人一樣地同等對待的人，是極大的挑戰，嚴厲考驗著她的愛。

培養這樣的愛需要操練、操練、**再操練**。Avila 未曾在小事上操練過這類的愛，因此，要她在受虐的黑暗中探索這種愛是個極大的挑戰。這是為何選擇進入寬恕之旅對她是如此地重要，因其最終能使她成為我所謂的具備「寬恕體魄」的人。她準備好進入寬恕的世界，而且她最終獲勝了。你是否也準備好發自內心的寬恕呢？

提醒 63 你的愛比任何你會遭逢的不義還要強大，你必須努力地讓這強壯的愛根植在你心中。

學習發自內心地寬恕

在金鑰 3（辨識痛苦的根源及處理內心的混亂），你曾列出需要寬恕的人的清單；在金鑰 4（培養寬恕的心智），你從清單中挑選出某個人，為他對你所做的某件不義之事，努力嘗試寬恕這個人。現在我們要從內心深化你給予這個人的寬恕。請帶著發自內心寬恕他人的意念，記住這個你需要寬恕的人，完成這趟寬恕之旅。

在針對傷你之人自身的問題進行更深入的探究之前，我們會在下一個練習中先檢視你對這個傷你之人的愛。

練習三　當你寬恕時，請做好操練愛的準備

活在這世上，你需要愛嗎？傷你之人也需要愛。愛是超越物質的；愛是一種需要、一種感覺、一系列的行動和一系列的想法，像是要引領許多人進入永恆。愛使人連結，並且激勵他們對彼此有更深的瞭解，關懷與服事對方。愛超越人體的生理限制，當身體死亡時，心臟就會停止跳動，但是，愛卻在人死亡之後仍得以延續。想一下：即使一個人已經過世了，只要曾接受過這個已逝之人的愛的人，繼續將這份愛傳給其他的人，他的愛就會繼續存留在這世上。

你是否需要給予愛？倘若你不需要給予愛，什麼是你生命的意義和目的？是否有任何不包含愛的生命意義和目的，能夠真正地滿足你？如果給予愛才能使你成為一個完全人，這個傷你之人也是如此。給予愛是你們之間的共同點。

對於愛與被愛，你們兩人有同等的需求。你們兩人都需要領受更偉大的事物，以超越你們在物質世界所能體悟。你們同享這樣的人性。你認為這樣的論述是真實的，還是誇大其詞？請在你的札記中寫下你的想法。

寬恕時，你的愛必須超越你的洞察

在寬恕這個幾乎不愛你的人時，讓我們將愛的元素加入寬恕歷程，藉以擴展你在金鑰 4 所培養的更清晰的洞察。無論如何，無論何人曾何等地不愛你，請你都要持守你的愛。

即使乍看之下，這似乎是一個不可能的任務，但事實上，這絕不是一個不可能的任務。你已經對「愛」有所**瞭解**，請善用你對愛的**瞭解**，幫助你進一步**體驗**存在你心中的**愛**。在金鑰 2（鍛鍊寬恕的體魄）的練習中，你已開始操練「愛」，雖然當時操練的對象並不是不愛你之人，但重要的是你在這旅程中一直在操練愛。如今是你練習愛的伸展操的時刻。你不是要做一些和之前的練習全然不同的操練，你只是要在更具挑戰的情境中，做同樣的操練。接下來的練習是要探討十個特別針對與這個傷你之人有關的「愛」的相關問題。

練習四 為傷你之人堅定你的愛

我建議你，透過書寫的方式反思下列十個陳述和問題。你同意嗎？抑或是有哪些地方是你不同意的？請盡可能地具體回答。

- **愛問：「我今日可以如何服事你？」**務實地回答這個問題是非常重要的，因為你只是剛開始培養對曾經或是目前待你不公之人的愛。你今日可以如何服事這個受創且不幸福的人？或許你可以向朋友說一些關於這個人的好話。他有什麼需要，是你可以在自身的安全不會受到威脅的情況下——**安全地**——給予一些他所需的？
- **愛是建造**。傷你之人可能就是一個被奪走愛的人。你如何建造這個人，使其今日心中能感受到一點點的愛？他真的需要這份愛，而且就在今日，除了你以外，沒有人能給予他這份愛。我要再次強調，你的自身安全是第一優先。請仔細思考有什麼方法，能讓他那顆渴求愛的受創之心得到一點點的愛。即使這個人已經過世了，你仍可以厚道的言語和家中的成員談論此人。
- **愛使人重新振作**。一個微笑可以使人重新振作。承認傷你之人是個擁有與生俱來價值的人是令人重新振作的方式。你也許需要認真思考，他最後一次真實地感受到自己是一個完全的人是在什麼時候。

- **愛理解幸福**。因為你瞭解幸福，你是否看見幸福的反面：對方的不幸？你有能力給對方一點點的幸福。這是你的選擇。你會如何做？愛的行動會對你的心產生什麼影響？
- **愛視金錢為達到目標的工具，而非目標本身**。此處的重點不是要給這個人金錢，而是，你如何幫助這個人瞭解，貪愛錢財（是權力世界觀的具體展現）不是他生命的終極目標？財富（不是貪愛錢財）是達成更多目標的工具。（如果傷你之人已過世，這個練習就不適用。）
- **愛是建造他人的橋梁**。你今日如何成為愛的典範，使他人因看見你將愛化為具體的行動，而對愛有更深的理解？你有機會提供這個人更深刻的見解，使他的生命更美好。從此刻開始操練愛，就可能改變世界……改變一個生命。
- **愛包紮傷口……甚至是包紮自己的傷口**。不懷敵意可以幫助你撫平這個人的創傷，這創傷也許是他童年時就已背負的。在戰爭中，休戰讓敵對的雙方有包紮傷口的時間。你不僅要休戰，還要更進一步地看看，你可以做些什麼以撫平他心中看不見的創傷。

Jonathan 和他的伴侶 Samantha 發生嚴重的爭執，Samantha 因而暫時離開。當她因鎮日背負這爭執重擔而疲憊地回到家時，發現 Jonathan 竟出乎意料地為兩人做了晚餐，她十分驚喜。這個意外的禮物對修復 Samantha 受創的心大有幫助。

- **愛包含喜樂**。在不義與寬恕情境中，喜樂是我們戰勝威脅我們的心，甚至是威脅我們生命的事物之後，所獲得的恆久不變的愛。我們從混亂中存活下來，而且在混亂中成長茁壯。也許經過一段時間，你能透過下列訊息增添對方心中的喜樂：「讓我們不要再陷入兩顆受傷的心彼此交戰的景況。我惦記你的心，也掛念我自己的心。我希望你擁有一顆完整且健康的心，我也希望自己擁有這樣的一顆心。」

- **愛瞭解權力卻不被權力所吸引**。請特別注意，倘若對方繼續抱持權力的世界點（再次強調，此處指的是負面的權力觀點），這樣的世界觀會同時影響你們兩個人。你要下定決心，當這樣的情況發生時，你要看清對方的權力操控，但絕不以其人之道還治其人之身。你要堅定地行在正義與愛的道路上，保護你自己，同時以更清晰的洞察瞭解對方，堅守事實的真相：這是一個擁有與生俱來價值的人，也是一個受創的人，他需要瞭解愛的世界觀，也需要開始愛的操練。希望對方擁有愛的世界觀是一種愛的舉動。
- **愛是恆久忍耐，即使是面對極大權力的敵對**。如果你已點燃對方心中愛的火花，哪怕僅是最小的火花，你如何使這火花得以繼續燃燒？倘若他未能從其他人身上受到鼓勵，那麼，這小小的火花也許很快就會熄滅。你可以如何避免這樣的事情發生？這世上僅有少數幾個人能幫助這個人，不僅能在愛中成長，而且還能堅持活在愛中，你也許就是這少數人當中的一個。

有哪些權力宰制慾正攻擊這個人的心，扼殺了他心中的愛？你是否有機會和他討論奪去其幸福的權力根源？要和對方討論這個問題需要勇氣，也需要智慧。你絕對不希望因此而引燃你們之間的爭論或不愉快。所以，你只能在有把握的情況下，才進行這樣的討論。

倘若你未能與對方進行這樣的討論，而且對方選擇以權力操控你取代愛你，那麼，你該選擇保護你的心免於受創。請務必記得，當你需要與對方保持距離時，你依然可以在保持距離的情況下愛對方。

提醒 *64* 你能愛人……即使是愛那些不愛你的人。

 關於「用愛寬恕」的提問 

問題一

「我尚未準備好要將愛與其他的金鑰結合，用以寬恕那傷我之人。這是否會使我的寬恕變得不完全呢？」

不完全可以是指你的情緒療癒。就情緒療癒而言，即使你不試著去愛對方，你依然可以經歷相當程度的情緒療癒。我們尚未刻意針對「用愛寬恕」和「沒有愛的寬恕」進行比較研究，所以，我無法百分之百地確定這兩者對你的情緒健康會有何不同的影響。但是，我很確定的是，我的研究團隊和我過去多年幫助過的人，並非所有的人都懷著愛對方的心寬恕，即便如此，我們仍然在這些人身上看到，寬恕（依據他們回報給研究團隊的訊息，例如，他們的內心感受到自己已寬恕對方了）對他們的情緒健康所產生的卓越效果。

不完全也可能是指寬恕歷程本身。就寬恕歷程而言，如果你未能用愛寬恕，你就尚未抵達最深的寬恕終點。倘若你的立即性目標就是從痛苦情緒中得著釋放，那麼，是否抵達寬恕的終點並不重要。人們經常在心中仍存有些許的憤怒，而且他們在寬恕量表檢測上並未達到高分的情況下，就終止寬恕的療程。儘管如此，他們依然獲得顯著的情緒療癒。

問題二

「『對方是帶著過去所受的創傷』，這種說法對我而言，是替其不義的行為辯解。只因有人對他不好，我就得寬恕他。那麼，他對我不好，難道他不必如人們所說的只是『像個男人』，終止這種冷漠和傷害嗎？」

瞭解加害者過去的創傷並不是替其加害行為辯解，而是要重新瞭解加害者。你不能因瞭解他所背負的創傷，而使其不義的行為突然變成合理的。你心中必須同時堅守寬恕和正義的原則。如果你只是單純地希望對方停止不義的行為，那麼你僅是聚焦在正義的問題，而不涉及仁慈的問題。寬恕的歷程需要你同時聚焦在仁慈與正義。當你如此做時，你不會忽略正義，而且你也不會忽略自己所選擇的仁慈反應。

練習五　當你愛人時，你是誰？

你能夠愛人，你也確實如此行。你將愛給予陌生人、熟識的人、所愛的人，現在，你甚至將愛給予你難以去愛的人（因為他們不曾愛你）。每天試著對自己反覆誦讀下列自我肯定的陳述：「我能愛。我是將愛傳給其他人的人。憑著我的意志，我有能力和決心，為這個瞭解權力遠勝過瞭解愛的世界注入愛。」

你不是那些加害者所描述的你，他們對你所說的都是謊言。他們也許不是要刻意欺騙你，但是，當他們透過權力的鏡頭看世界時，他們所看見的是一個扭曲的世界。你可以成為導正這扭曲世界的矯正者。所以，現在，你是誰？對你自己述說關於「你是誰」的故事，不要隱藏關於愛的這部分，因為那是你發展真實自我的核心。

問題三

「『愛是一個決定，不是一種感覺』這說法，我已經聽了許多遍，這是真的嗎？」

我們在此所探討的「愛」是一種道德美德，如同仁慈、耐心和寬厚，也是一種道德美德。所有的道德美德都需要個人全方位的投入，而不是只涉及個人的某個層面。是的，愛是即便你沒有任何愛的感覺時，仍堅定地去愛，因此，意志在此扮演極重要的角色。同時，當你在愛中成長時，你會發現，愛不僅是一種選擇，愛是一**系列助人的行動**，包括憐憫和關懷的感覺，無論現在你心中這種感覺有多微小，都是愛。愛是關乎你的身分認同——關乎你身為一個擁有與生俱來價值之人的身分。說出「我是個愛人者」，而且瞭解這個關於你的真實的陳述，就是愛的一部分。

提醒 65　即使面對極大的權力攻擊，你仍是一個愛人者。

問題四

「我擔心，倘若我去愛傷我之人，我會被『榨乾』而變成一無所有。你認為呢？」

服事之愛看似矛盾之處就是：當你給予不憐憫你的人仁慈時，真正經歷情緒療癒的人是你。在金鑰 1 中，針對寬恕治療和寬恕教育的科學研究已經證實這一點。倘若你不是真誠地給予「愛」，且只是為了你自己給予愛，那麼，你就可能會情緒耗竭。因此，預防這種想法及其可能導致的情緒耗竭是十分重要的。當你選擇給予愛，你必須分辨愛的本質（服事他人）及其所產生的結果（你開始有比較好的感覺）。倘若你能在兩者之間做出清楚的區隔，並且適切地操練服事之愛，那麼，如同我們之前的科學研究中所顯示的，你的情緒健康會提昇而不是降低。

練習六 檢視你的心：你在情緒療癒歷程中的進步情況為何？

現在要就你一般的心理健康狀態檢視你的心。也許你還記得，你在金鑰 3 的練習中，曾以五點量表評估你內心的痛苦程度。現在請再次使用同樣的五點量表，針對下列七個陳述圈選出符合你目前狀態的等級分數（如果你需要複習下列任何一個名詞的意義，請再次閱讀金鑰3 中，第 79-86 頁的內容）。

1 = 沒有

2 = 有一點

3 = 中等程度

4 = 蠻大程度

5 = 嚴重程度

1. 我會焦慮。
2. 我會憂鬱。
3. 我心中存有不健康的憤怒。
4. 我不信任其他人。
5. 我不喜歡我自己。
6. 我的世界觀是消極的。
7. 我不認為自己能夠克服內心的創傷。

相較於你在金鑰3所做的評估，你這次評估的得分狀況為何？針對每一個陳述，將你現在的得分和你在金鑰3自我評估的得分做個比較。這個量表的總得分最低是7分，最高是35分，如你所知，得分愈高表示你的創傷的影響無處不在。請快速回顧一下，針對任何一個陳述，若你目前的得分是4或5，那麼你需要繼續努力治療你的內心世界。倘若你在焦慮、憂鬱、不健康的憤怒和自尊的任一向度得到最高的5分，這表示你應考慮尋求專業協助以處理這些症狀。

接下來我們要再次探究你現在已經熟悉的主題，只是你必須在探究每一個主題時融入愛的元素，讓愛繼續在你心中成長。我們將從你的世界觀開始探究：你對這個世界是如何運作的認知。

練習七　瞭解你的世界觀

請在你的札記，無論是書面的或是電子檔，記下你對下列問題的回答。不要一次回答所有的問題，而是，依據你所需要的時間，使用這些問題幫助你探索你真實的身分——你是誰。

- 你現在擁有什麼樣的世界觀？這個世界是如何運作的？
- 開始撰寫關於你自己的故事：你是誰？你的人生方向為何？
- 依據你對上述問題的回答，一般所謂的「人」是指什麼？什麼是人的本質？
- 活在這世界上，你看重什麼？
- 在未來的一年，你有什麼短期目標？
- 你有什麼長遠的目標，可以使你在生命的盡頭回顧自己的一生時，不會感到後悔？
- 你希望自己有什麼成就？
- 你要如何服事受苦的人？

從克服苦難中發現新意義

我們在金鑰 5 中談過在**苦難中**發現意義。創造意義是療癒的關鍵，這是 Viktor Frankl 在二戰期間經歷極大苦難之後提出，受到舉世關注的新發現。我們在克服苦難獲得勝利之後所領悟的意義，會不同於我們在苦難中所發現的意義。接下來的練習就是要更深入探究這個主題。

練習八　藉由在愛中成長發現意義

在你因某人對你的不公待遇而承受失去愛的痛苦之前，你對愛是否有深入的認識和瞭解？你是否知道，寬恕是擊敗卑鄙和殘酷，以愛摧毀權力的合氣道？為什麼是寬恕？因為寬恕擊敗卑鄙和殘酷，讓愛得以成長。

當你更樂於且深入地藉由操練愛而努力尋求生命的意義時，你會培養出兩種在這世上看似難以同時擁有的道德品格：謙卑和勇氣。有時，謙卑會被視為是一種膽怯的人格特質，是懦弱之人專屬的性格；而勇氣會被視為是只有強壯的人才會擁有的優勢特質。但是，當你付出愈多的愛，謙卑和勇氣的結合體就會在你的心裡成長茁壯。謙卑幫助你透過清晰的洞察，瞭解所有的人都是平等的；勇氣幫助你在一個不懂得愛的世界裡，繼續在愛中前進。請牢記我們在金鑰 3 提過的一個觀念：權力不瞭解愛，但是愛瞭解權力。你的苦難也許能幫助你深化這個深刻的見解，強化你以愛前進的決心。所以，接下來請回答下列問題：

- 你是否瞭解謙卑對戰勝不義與痛苦的影響的重要性？如果是，為何謙卑重要？

- 你是否瞭解在戰勝苦難過程中培養勇氣的重要性？如果是，為何勇氣重要？
- 你是否瞭解在戰勝苦難過程中培養愛的重要性？為什麼重要？為什麼不重要？

提醒66 苦難幫助你對謙卑、勇氣和愛的真義有更成熟的理解。

練習九 從「因你曾受苦難，所以你能給予良善」的深刻見解中發現意義

我在這個練習提出一系列幫助你反思的問題。請慢慢地做這個練習，因為你需要深思以回答這些問題。

無論你遭受什麼苦難，你所承受的苦難如何向你證實，你擁有行善的力量？你是否開始體悟，苦難使你成為一個更好的人：相較於遭逢苦難之前的你，現在的你是否更堅強、更有智慧、更有憐憫心，而且能為這個受傷的世界付出更多？

你現在是否擁有堅定的內在意志——更沉著地面對不義；對是非對錯的分辨更為果斷；更堅定地對抗不義？倘若這是你的生活型態，你是否從中發現生命的重要意義？

當你努力地活出服事他人的生命，包括愛那些傷你之人時，你賦予自己的生命什麼意義？你的生命是否變得更豐富，生活充滿更多的樂趣？苦難是否教導你服事他人的重要性？

苦難是否幫助你對寬恕本身有更深的理解與體悟？也許苦難已向你顯示這嶄新的給予生命的美德，使你得以看見寬恕之美。

對於有信仰的人，苦難及勝過苦難的經歷是否改變你和神、或者有人稱之為「至高者」之間的關係？苦毒能使你離開神。有些人反抗神，只因他們被其他人攻擊，例如：天父是神學中用以描述神的概念，有些人因曾被父親殘酷對待而對神感到憤怒。戰勝苦難可翻轉這類的衝突，增添信心的意義，而不會使自我產生更多的分裂。

針對世界觀和發現意義的提問

問題五

「我無法理解形塑世界觀及在苦難中發現意義之間的差異。你可以幫助我釐清嗎？」

世界觀是用以回答生命大哉問的個人信念，像是：

「人的核心本質為何？」
「我的生命是否有其目的性？」
「倘若真有死後的世界，我死後會往何處去？」

發現意義不必然是回答這類的大哉問，而是為你自己和他人在苦難中尋找實質的意義，使人得以忍受痛苦，甚至在苦難中成長茁壯。嘗試在苦難中發現意義的人，通常會問實踐性和服事性的問題，例如：「為了我自己和他人的益處，我如何具體實踐現在所學的一切？」一個正擴展自己世界觀的人會問：「如今，我所學到的這一切如何融入這個世界的運作模式，與人性融為一體？」當然，嘗試在苦難中發現實質意義的歷程中，也許有人也會提出生命的大哉問，但這樣的案例並不多。我現在舉個例子，是一個有信仰之人從發現意義延伸至生命大哉問的實例。這個人問：「為何神今日容許苦難臨到我？」提出這個問題，意味著這個有信仰之人正開始探索關於神性的問題。然而，即使回答這個問題，也未能明確且審慎地處理人類的本質與神的本質這等更廣泛的宇宙觀的問題，雖然這些問題都是形塑個人世界觀的一部分。

問題六

「若是我認定生命毫無意義，那麼堅守這個事實，豈不是比只為了減輕痛苦而捏造某些意義來得更為重要嗎？以犧牲事實的真相換得安慰違反我的原則。」

有些哲學家針對他們所謂的**虛無主義**的觀點進行辯論。虛無主義主張生命毫無目的性：生命沒有真正的目的，生命的真正意義就是生命毫無意義。但我質疑，他們的生活與他們所說的是否正好相反。毫無疑問地，傳揚生命是毫無目的且毫無意義的主張，正是他們的生命目的之一，因為那是他們的目標，而目標最終指向目的。即使像「生命毫無意義」這樣的說法，也是刻意地在一個人心中孕育出「生命毫無意義」的意義。惟有那些主張虛無主義的人，只是躺在床上蒙著頭什麼事都不做，不要試圖使其他人皈依這個想法，這樣才能使虛無主義哲學具正當性。一旦他們起身開始和他人談論他們的新哲學，那麼，他們就是過著自相矛盾的生活。

而且即使我上述的想法被駁回，虛無主義仍存在一個問題：如果「空」

或「虛無主義」是真理，就會出現另一個矛盾：擁有這個思想的人領悟真理的存在性，而生命的**目的**之一就是尋找真理。生命的其中一個**意義**就是瞭解真理。因此，虛無主義再次被自己的理論駁斥。

寬恕之後的新生命目的

當你寬恕，你的生命目的——你為何在此，然後依此而活——也許也會隨之發展。「目的」和「發現意義」不同。在不義的情境中發現意義，是**思考的練習**，是你試著瞭解苦難及其後續影響之於你的重要性。追求生命的目的比較是**行為導向**，是對他人行善。我在那些認真追求寬恕的人身上觀察到九種不同的生命目的。讓我們逐一檢視，藉以幫助你確認你的新生命目的。

練習十 探索你的新生命目的

在此要先介紹九種「目的」。你對其中的哪幾個產生共鳴，以致於你也許會使之成為你生命的一部分？你一旦選定你的生命目的，請在你的札記上寫下具體實踐的方法。

目的一：「以愛實踐寬恕」只因其為善

經常實踐寬恕也許會成為你新生命的一部分，因為它已是構成你個人身分的要素之一。寬恕會是構成你的新世界觀的要素之一，對待他人的新行為的要素之一，也會是你內心的重要部分。你現在已開始理解，所有的人都擁有與生俱來的價值；從現在起，你會尊重每個你所遇到的人，如同你尊重擁有與生俱來價值的人；你會在心中培養寬恕之愛，使之成為你的生活型態……就只因寬恕既美且善。這是否是你目前的生命目的之一？

目的二：保護你所愛的人免於承受你的情緒創傷

當你是個受創之人，寬恕可以保護你所愛的人。這怎麼可能呢？當內心的怨恨與憤怒湧起時，你可能不加思考地將這些情緒發洩在其他人身上。倘若你努力地藉由寬恕保護其他人免於承受你的憤怒，你會在洩憤的行為發生之前，就終止這種憤怒的轉移。

提醒 67 寬恕保護你所愛之人的情緒健康。

目的三：幫助不義之人看見他的錯誤行為

寬恕所給予的保護可以延伸至那些傷你之人。寬恕的操練使你不會以憤怒回擊這個行為惡劣之人。而且，當你不以怨恨回擊對方時，你的自制可以避免對方的復仇，制止永無止盡的決心之戰，這種決心之戰只會造成更深的痛苦卻無法解決問題。寬恕使你得以防止急速上升的憤怒在你和傷你之人的心中形成。就某方面說，這是你給傷你之人的一個禮物，因為你正努力地不做出傷害他的行為。在原本可能會是怒目相視或以言語相互攻擊之際，你選擇和平，此時，寬恕即具有高貴的特質。

提醒 68 寬恕保護傷你之人。

目的四：幫助對方培養品格

此處的重點不是要藉由展現你美好的品格，凸顯傷你之人品格上的缺陷，以操控對方。而是要你把握機會幫助對方克服他的傷人行為──這些行為已造成你的不幸。當你去愛傷你之人時，你也許會開啟一道深鎖已久的門；將這把寬恕之心的金鑰送給傷你之人，也許會改變他的生命。

目的五：與對方重修舊好

當你理解寬恕的深層意涵時，你就能明瞭，重修舊好包含給予寬恕、尋求寬恕和接受寬恕三個歷程。倘若你和傷你之人要恢復彼此的互信關係，你必須更清楚知道什麼是不義，以及哪些需要改變。寬恕的目的之一就是努力地與對方恢復合理的關係。倘若加害者拒絕，你要知道，你已經盡力了。對某些人而言，有時即使你給予愛並且尋求和睦的關係，他們也不會因此感動，所以，你不需要為他的行為或選擇負責。

目的六：培養你自己的品格

追求鍛鍊寬恕的體魄，不單是「全身的鍛鍊」，也是「全人的鍛鍊」。寬恕使你更清楚看到，生命的目的之一就是繼續培養美德，例如：正義、耐心和寬厚。你會領悟，真正的善不是單一美德的實踐，而是同時實踐所有的美德。當你鍛鍊寬恕的體魄，所有的美德也會在你的生命中同時成長，你無須為此感到意外。

目的七：營造家中的寬恕氛圍

倘若你經常操練寬恕，你不會想將寬恕像秘密般地隱藏，而是會渴望分享寬恕。有什麼地方會比從你自己的家中開始分享寬恕還要更好呢？給予家人時間討論寬恕，並且把握機會教育的時機。例如：假設你們全家正一起討論看過的某部影片，你就可以指出影片中某些情節，倘若劇中的人物當時選擇寬恕，劇情的發展會有何變化。讓家人有時間討論，在家庭以外，他們在該週所承受的不義之痛，以及他們每一個人如何以寬恕回應所面對的不義。只要發揮你的巧思，你就會發現，有很多方法可以將寬恕融入家庭生活，並且使之成為家庭生活準則。

目的八：在職場、宗教社群、社交或其他社群中營造寬恕的氛圍

寬恕不僅保護你的情緒健康、你所愛之人的幸福健康，以及保護傷你之人，寬恕還可以保護你所參與的不同社群：你居住的社區，以及你投注最多時間的社群，例如：工作場所、你所信仰之宗教的敬拜場所，以及／或者是你參與的社交或政治團體。請想像一下由個人在家中突然暴怒，鄙視、嘲弄和無禮地對待家人所引發、看似獨立的憤怒軌跡。這一切都是從一個人的心開始，然後波及其伴侶、兒女和來訪的祖父母。然後，這一切又會被帶入工作場所、被孩子帶到學校、被其父母帶到他們所參與的社交社群。接著引發工作同仁的不滿，或教友們的牢騷——所有這一切都是起因於在這宇宙中某個小地方的某個孤單的人，將其不滿的情緒發洩到他人身上所致——而且它會繼續擴散，其影響所及的範圍深遠到一個程度，以致於無法知道其源頭，也不知道如何將之收回封鎖。憤怒的擴散，有時是不加選擇地隨處氾濫。當這個孤單的人心中有寬恕時，這個憤怒的軌跡就會被擋住……安靜地、默默地、沒有任何號角或鑼鼓喧嚷的聲音。寬恕會阻止憤怒的破壞性散佈。

提醒 69 寬恕可以保護你的社群免於遭到你的不健康憤怒的波及。

目的九：保護後代子孫免於承受不健康的憤怒

當寬恕成為一種生活型態時，還能發揮更多的保護。你的憤怒可以經由世代相傳，甚至傳給對此毫不知情的其他人，進而繼續存留許多年。憤怒就像病毒，不僅會傳染給目前處於你周遭的人，它還可以跨越時間的限制繼續散播……甚至持續很長的時間。當有人在學校宣洩不健康的憤怒時，校長和教師們稱之為**霸凌**。一個孩子的霸凌行為可能源自深藏於家中的一些暴力行為，然後，它就像病毒一樣，擴散到家中和家庭以外的其他人。在學校被霸凌的孩子可能會轉而霸凌年級較低的孩子，較低年級的孩子又可能轉而霸凌更年幼的孩子。一個今天才出生的孩子，可能會在五年後第一次進入這個學校時，成為這個學校這一長串憤怒轉嫁的接收者，因為一個被霸凌的孩子心中的怨憤正等待著迎接他，這個被霸凌的孩子是被另一個孩子霸凌，另一個孩子又是被另外一個孩子霸凌，這另外一個孩子之前已在家中被虐待好幾年。寬恕可以終止這世代相傳的憤怒，保護其他人免於承受這不必要的痛苦。

我們已發展出十七套不同的寬恕課程指引，放在國際寬恕學會的官網（internationalforgiveness.com）上，提供給教師和父母用以教導他們的孩子和青少年寬恕的藝術。這是一部完整的課程指引，適用對象從托兒所（4 歲）到高中高年級階段（17 和 18 歲），另有針對國中和高中低年級階段（10 歲到 14 歲）所設計的反霸凌課程指引。此外，還有兩套是給父母的指引。這些課程指引目前已為世界各大洲的學校所使用，除了南極洲之外（南極洲有學校嗎？）。而且，我們也已針對這些課程進行研究。我們的研究是由一個老師教導一個班的學生，每週授課約三十至四十五分鐘，課程持續十二至十五週（依照學生的年齡而有所不同）。研究結果顯示，透過故事書和短篇小說學習寬恕，孩子們心中的不健康憤怒程度降低了。這成為教師的教學目的之一：給予孩子寬恕的保護，並且送給他們減少憤怒的禮物[12]。

你要成為加速憤怒病毒擴散的人，還是讓你的寬恕實踐成為遏止憤怒病毒擴散的解藥和療法？這真的是你自己的選擇。你的挫折、沮喪和不健康憤怒，看似是獨立的個人行為，卻會對其他人造成具體的影響，而且其影響力是跨越時空的。你的寬恕同樣是看似獨立的個人行為，也**確實**會對他人造成正面的影響，且其影響也是跨越時空的。

提醒 70 寬恕可以保護你的後代子孫免於承受不健康的憤怒。

12 Enright, R. D., Knutson, J. A., Holter, A. C., Baskin, T., & Knutson, C. (2007). Waging peace through forgiveness in Belfast, Northern Ireland II: Educational programs for mental health improvement of children. *Journal of Research in Education, Fall*, 63-78; Gambaro, M. E., Enright, R. D., Baskin, T. A., & Klatt, J. (2008). Can school-based forgiveness counseling improve conduct and academic achievement in academically at-risk adolescents? *Journal of Research in Education, 18*, 16-27; Holter, A. C., Magnuson, C., Knutson, C., Knutson Enright, J. A., & Enright, R. D. (2008). The forgiving child: The impact of forgiveness education on excessive anger for elementary-aged children in Milwaukee's central city. *Journal of Research in Education, 18*, 82-93; Enright, R. D., Rhody, M., Litts, B., & Klatt, J. S. (2014). Piloting forgiveness education in a divided community: Comparing electronic pen-pal and journaling activities across two groups of youth. *Journal of Moral Education, 43*, 1-17.

終點：你心中的愛可以帶來喜樂

當你能再度與愛相遇……當你選擇上述的某些生命目的作為你自己的生命目的……你會發現，心中擁有一種恆久不變的幸福感，也許你最後會發現，那就是喜樂。喜樂的其中一個同義詞就是**勝利**。一旦你戰勝他人的卑鄙、冷漠或是殘酷，你會知道自己已經獲得勝利。所有試圖竊取你的人性的嘗試都失敗。你是……勝利者，當你內心真實體驗這個成就，你知道你永遠不會被他人的不幸所擊敗。當你接受這個成就——與它**同活**，而非暫時感覺良好時——你就擁有喜樂。

你目前可能尚未達成這個目標，倘若你已經達成，我會十分驚訝，因為要達到這種穩定的喜樂狀態需要時間和寬恕的操練。我之所以現在就告訴你，為要增強你的盼望，使你心中得以孕育出更多的愛——進而產生喜樂。要有耐心，並且要定睛在寬恕最重要的終點：**喜樂**……不只是為你，同時也是為了他人。

提醒 71 你可能是第一次擁有喜樂，或是再度點燃你心中的喜樂……然後，將喜樂分享給其他人。

為世人留下愛的傳奇

你們每一個閱讀本書的人，以及身為作者的我，我們都必須面對共同的命運，就是我們總有離開人世的一天。當你離開人世，你為世人留下什麼？倘若你委身於承擔痛苦，不將痛苦轉嫁其他人，這是形塑你人生傳奇的第一步。接著，你委身於愛其他的人，甚至是愛那些傷你之人，這會是你將人生傳奇轉化為愛的傳奇極為重要的第二步。

想像一下：在你離開人世很久以後，你的愛仍繼續健康地活在世人的腦中、心中和生命之中。就從此刻起，你可以開始藉由每日活出愛的生命，為世人留下愛的傳奇。倘若你心中充滿愛，而非苦毒，你就容易將愛傳給你今日所接觸的人。

你是否已瞭解為何寬恕是如此地重要？當你得著釋放，能更深刻地去愛更多的人，這會給予你喜樂的機會，使你能夠除去苦毒，並且在傷你之人和更多、更多、更多其他人的心中注入愛。留下愛的傳奇的決心與你的生命意義和目的密不可分。

黑夜已過……黎明將至

你曾經歷苦難，或說是經歷所謂的「靈魂的暗夜」。黑暗不是你所應得的，我要你知道，使你承受極大痛苦的黑夜已遠離，如今的你，正朝向深切的寬恕、愛，甚至是喜樂的光中前行。黑暗不會永存，有時我們必須為逃出黑暗而戰鬥，如同你在本書所經歷的。寬恕是使你更接近光明的道路。

在溫暖的陽光下站一會兒，感受陽光灑在你臉上的感覺。

活在熱情之中，熱情是你心中愛的起點，可以使你整個人散發熱情，將愛傳給這個世界，注入其他人的心中……許許多多的人……持續很長很長的時間。

你承受苦難已經夠久了，是該走進愛的熱情與光中的時刻。當你以仁慈、真理、良善和美擁抱寬恕世界，你心中的愛就會變得更豐富、更有意義，更令人感到喜樂。寬恕使你不會再度遠離光明。我不是說，你不會再度遭遇苦難，我指的是，當苦難再度來臨，你不會陷入被苦毒纏繞且對自己的身分價值感到疑惑的黑暗中。

如今你已瞭解「你是誰」：你是一個曾經忍受極大苦難而且勇敢面對苦難的人；你是一個瞭解放縱的權力會對世界產生什麼影響的人；你瞭解寬恕會如何迎戰權力，並且用溫柔的心消滅權力所造成的負面影響——以黑暗、失望和絕望禁錮你的心。你再也不會被禁錮了，因為你已經找到出路，你知道這八把金鑰可以領你到八個休息所；帶著你的地圖，使你在這具挑戰的生活中，永遠不會忘記你的真實身分與價值，以及你的人生方向。

提醒72 寬恕是為你的心進行手術，拯救你的生命……和他人的生命。

·附錄·
關於書中的提醒

下列是書中曾提及的所有提醒，用以回顧寬恕之旅的重點。這份提醒清單是綜合本書所有內容的簡易摘要（這份清單不是一顆「寬恕藥丸」，使未曾閱讀本書的人，僅藉由閱讀這份提醒清單，就能很快地寬恕，並且獲得情緒的療癒）。這份清單是專為那些已經閱讀本書，使用書中的金鑰，開啟每一扇門，按著書中的教導，完成每個練習，走過一趟完整的寬恕之旅，且瞭解每個提醒所隱含之真義的人而設計的。請閱讀、複習並且繼續這趟療癒之旅。

提醒 1：科學已經證實，寬恕能幫助你從生命的不公平境遇中，獲得情緒療癒。

提醒 2：寬恕他人不但是對你自己情緒健康的一種保護，也是對你如何看待身為人的自己的一種保護。

提醒 3：寬恕可以使你的思考、情感和行為更為井然有序。

提醒 4：寬恕是如此地強而有力，故而它可以幫助你將身心機能失調減至最低程度。

提醒 5：寬恕能幫助你抵擋最殘忍的不義，使其無法擊潰你。

提醒 6：當你寬恕時，你會對曾以不義待你之人表示憐憫。你可能會和這個行不義之人重修舊好，但也可能不會。

提醒 7：許多人認為，許下寬恕的承諾是旅程中最困難的部分。

提醒 8：每一個人都是特別的、獨一無二的，且是無可取代的；要領悟這個核心的觀點，需要時間與努力。

提醒 9：服事之愛是將自己給予他人的一種愛；要在個人生命中給予這種愛，需要時間與操練。

提醒 10：仁慈是服事之愛諸多形式中的一種，是將服事之愛給予令你痛苦之人，且需要忍耐與努力方能精熟。

提醒 11：驕傲和權力會阻礙你的寬恕。它們會妨礙你積極地轉化成一個真正的完全人。

提醒 12：權力和愛爭奪你的注意力。

提醒 13：你隨時都可以操練以更清晰的洞察力和服事之愛對待他人。

提醒 14：你能夠以更清晰的洞察力、服事之愛和仁慈這三大要素，回應輕微的惱人行為。

提醒 15：寬恕可能從你心中消逝，你甚至不會再想到它。為了你自己，也為了其他人的益處，請勿讓寬恕從你心中消逝。

提醒 16：堅持寬恕的操練可能成為你生命中最重要且最有價值的挑戰之一。

提醒 17：如果你選擇接受醫治，寬恕的操練會使你的痛苦獲得療癒。

提醒 18：我們每個人都有權利和義務，那些剝奪你權利的人就是行不義之人。

提醒 19：未能履行義務可能是蓄意的，也可能不是，但無論哪一種情況，未履行的義務已確實損害你的權利。

提醒 20：對方的權力世界觀會以虛假的良善之名，使你蒙受不義。不要被他的論述：「你並未遭到不公的待遇」所愚弄。

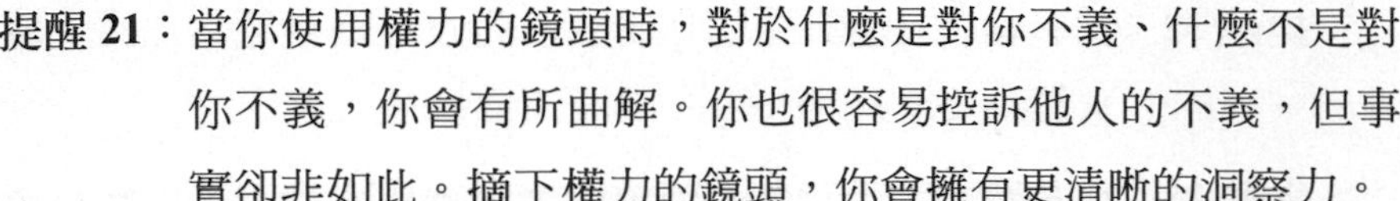

提醒 21：當你使用權力的鏡頭時，對於什麼是對你不義、什麼不是對你不義，你會有所曲解。你也很容易控訴他人的不義，但事實卻非如此。摘下權力的鏡頭，你會擁有更清晰的洞察力。

提醒 22：當有人對你不義，其結果可能會對你造成極大破壞。你有權利處理那些破壞，特別是那些內在的影響，我稱之為內心的混亂。

提醒 23：寬恕本身就是良善。

提醒 24：依據心理學的觀點，寬恕是值得我們投入的好習慣，因為它可醫治受創傷的人。當我們關注的是不義所造成的影響，以及希望從中獲得療癒，這並不會使寬恕變成是一種自利的行為。

提醒 25：你可以藉由寬恕戰勝生命中因不公的待遇所造成的負面境遇。

提醒 26：一個人目前的生活方式，會影響他日後的生活福祉。一個傷人的人可能會在其生命晚年感受到傷害他人所導致的效應。

提醒 27：在傷害你的那一刻，傷你之人本身可能背負著極大的創傷。那些創傷也因他傷了你，而變成是你的創傷。你要如何處理這些創傷？

提醒 28：你和傷你之人同享人類共通的人性。

提醒 29：這個傷你之人與生俱來的價值，遠勝過那些加諸在你身上的傷害。

提醒 30：當你能夠理解傷你之人是一個受創的人，是個需要接受創傷醫治的人，你會變得更堅強。

提醒 31：你正努力鍛鍊寬恕的體魄，你只需要繼續努力，保持寬恕的體適能。

提醒 32：意義給予在苦難中的你盼望，而且最終可能為你的生命帶來喜樂。

提醒 33：從苦難中發現意義是跨越沮喪與絕望，進入更美好盼望的途徑。

提醒 34：當你依據所蒙受的苦難建立新的目標，你就是在為自己生命增添新的意義。

提醒 35：苦難可以幫助你看清「義」與「不義」的真相。

提醒 36：苦難可以幫助你瞭解，你不會讓世上的惡奪去你善的本質……為了其他人的益處。

提醒 37：你所蒙受的苦難並非毫無意義；它可以使你與你的良善本質更為契合。

提醒 38：苦難可以使你變得更剛強。

提醒 39：倘若你願意，你今天就可體驗美，而不會只看見黑暗，並且你將永遠不會被黑暗所勝。

提醒 40：苦難可以彰顯你內在美的本質。

提醒 41：當你服事那些內心受創之人時，你受創的心也會開始癒合。

提醒 42：苦難能增進你對寬恕內涵的理解，幫助你成為一個更能夠寬恕和尋求他人寬恕的人。

提醒 43：試著理解你的信仰傳統中，關於以苦難和戰勝苦難為契機，使自己成為一個完全人的教導。

提醒 44：寬恕與正義是攜手並進的，所以，永遠不能拋棄任何一方。

提醒 45：當痛苦加劇時，你必須明白，這不是你最終的狀態；寬恕最終會減少你內心的痛苦，以及苦難所致的負面效應。

提醒 46：你無須害怕「直視苦難」，因為寬恕是你的安全防護網；寬恕可以保護你，使你不因苦難而受創，使你變得更堅強。

提醒 47：儘管被他人所傷害，你仍應瞭解，你是一個極有價值的人，而且你的價值是不能被奪去的。

提醒 48：當你透過長遠的眼光看眼前的困境，你會瞭解，從今日起的一年後，你的生命將會有所不同。

提醒 49：謙卑與勇氣的結合，能幫助你避免過度地自責與責怪他人。

提醒 50：即使在你感到疲憊且想放棄時，堅強的意志能幫助你繼續寬恕之旅。

提醒 51：當你承擔發生在你身上的痛苦時，你可使其他人以及你的後代，免於承受你的憤怒。

提醒 52：在合理的範圍內，即使會令自己不安，也願意向對方**伸出援手**，這就是**犧牲**。

提醒 53：如果你相信至高者的存在，不要因有人與你為敵而背離至高者。

提醒 54：認為自我寬恕是不合宜或是會造成心理性危險的警語，似乎是聚焦於自我寬恕的錯誤形式，而非自我寬恕本身。

提醒 55：自我寬恕包括向被你的行為（這行為也傷害你自己）所傷之人，尋求寬恕與做出補償。

提醒 56：當你得罪你自己時，你也許會失去你與生俱來的價值感。此時你應該重申這個事實：你是一個擁有與生俱來價值的人。

提醒 57：瞭解你自己的真實價值：無論如何，你都是一個值得你花時間、尊重和憐憫的人。

提醒 58：當你能夠為你自己所犯的過錯而承擔痛苦時，你會變得更堅強。

提醒 59：尋求他人的寬恕需要謙卑與耐心，因為你是給予對方按著他自己的步調寬恕。

提醒 60：嘗試修復因你的不義所導致的傷害，需要勇氣和創意。它可以幫助你從罪惡感中得著釋放。

提醒 61：你能夠且應該懷抱希望行在寬恕的道路上。

提醒 62：你是個愛人者，那是你其中的一種身分；寬恕能幫助你再次展現你愛人的能力。

提醒 63：你的愛比任何你會遭逢的不義還要強大，你必須努力地讓這強壯的愛根植在你心中。

提醒 64：你能愛人……即使是愛那些不愛你的人。

提醒 65：即使面對極大的權力攻擊，你仍是一個愛人者。

提醒 66：苦難幫助你對謙卑、勇氣和愛的真義有更成熟的理解。

提醒 67：寬恕保護你所愛之人的情緒健康。

提醒 68：寬恕保護傷你之人。

提醒 69：寬恕可以保護你的社群免於遭到你的不健康憤怒的波及。

提醒 70：寬恕可以保護你的後代子孫免於承受不健康的憤怒。

提醒 71：你可能是第一次擁有喜樂，或是再度點燃你心中的喜樂……然後，將喜樂分享給其他人。

提醒 72：寬恕是為你的心進行手術，拯救你的生命……和他人的生命。

・延伸閱讀・

Dalai Lama, & Chan, V. (2005). *The wisdom of forgiveness*. New York: Riverhead Books. [本書適合佛教信徒閱讀。]

Enright, R. D. (2001). *Forgiveness is a choice*. Washington, DC: APA Books. [本書是從心理學的觀點探討寬恕，適合一般大眾閱讀。]

Enright, R. D. (2004). *Rising above the storm clouds*. Washington, DC: Magination Press. [本書是由美國心理學會出版，是一本適合兒童閱讀的繪本，書中附有父母指引。]

Enright, R. D. (2012). *The forgiving life*. Washington, DC: APA Books. [本書是以心理學的觀點探討寬恕，但相較於 *Forgiveness Is a Choice*，本書給予讀者更寬廣的觀點，適合一般大眾閱讀。]

Enright, R. D. (2012). *Anti-bullying forgiveness program: Reducing the fury within those who bully*. Madison, WI: International Forgiveness Institute. [本書是給學校諮商師和心理師的指引。針對 11 至 14 歲的學生。讀者可以在 internationalforgiveness.com 取得。]

Enright, R. D., & Fitzgibbons, R. (2015). *Forgiveness therapy*. Washington, DC: APA Books. [本書適合助人專業人員閱讀。]

Enright, R. D., & Knutson Enright, J. A. (2010). *Reaching out through forgiveness: A guided curriculum for children, ages 9-11*. Madison, WI: International Forgiveness Institute. [這是給四年級教師與父母的課程指引（課程適用對象為 9 至 10 歲的學生）。在 internationalforgiveness.com 網站上還有十七

套類似的課程指引，適用 4 至 18 歲的兒童與青少年。]

Klein, C. (1997). *How to forgive when you can't forget*. New York: Berkley. [本書適合猶太教徒閱讀。]

Smedes, L. B. (2007). *Forgive & forget*. New York: HarperOne. [本書適合基督教徒閱讀。]

Worthington, E. L., Jr. (Ed.) (2005). *Handbook of forgiveness*. New York: Routledge. [本書適合學術領域人員閱讀。]

·參考書目·

Enright, R. D., Knutson, J. A., Holter, A. C., Baskin, T., & Knutson, C. (2007). Waging peace through forgiveness in Belfast, Northern Ireland II: Educational programs for mental health improvement of children. *Journal of Research in Education*, Fall, 63–78.

Enright, R. D., Rhody, M., Litts, B., & Klatt. J. S. (2014). Piloting forgiveness education in a divided community: Comparing electronic pen-pal and journaling activities across two groups of youth. *Journal of Moral Education*, 43, 1–17. doi: 10.1080/03057240.2014.888516

Fitzgibbons, R. P. (1986). The cognitive and emotive uses of forgiveness therapy in the treatment of anger. *Psychotherapy*, 23, 629–633. http://dx.doi.org/10.1037/h0085667

Freedman, S. R., & Enright, R. D. (1996). Forgiveness as an intervention goal with incest survivors. *Journal of Consulting and Clinical Psychology*, 64(5), 983–992. http://dx.doi.org/10.1037/0022-006X.64.5.983

Gambaro, M. E., Enright, R. D., Baskin, T. A., & Klatt, J. (2008). Can school-based forgiveness counseling improve conduct and academic achievement in academically at-risk adolescents? *Journal of Research in Education*, 18, 16–27.

Hansen, M. J., Enright. R. D., Baskin, T. W., & Klatt, J. (2009). A palliative care intervention in forgiveness therapy for elderly terminally-ill cancer patients. *Journal of Palliative Care*, 25, 51–60. PMid: 19445342

Holter, A. C., Magnuson, C., Knutson, C., Knutson Enright, J. A., & Enright, R. D. (2008). The forgiving child: The impact of forgiveness education on excessive anger for elementary-aged children in Milwaukee's central city. *Journal of Research in Education*, 18, 82–93.

Lin, W. F., Mack, D., Enright, R. D., Krahn, D., & Baskin, T. (2004). Effects of forgiveness therapy on anger, mood, and vulnerability to substance use among inpatient substance-dependent clients. *Jour-*

nal of Consulting and Clinical Psychology, 72(6), 1114–1121. http://dx.doi.org/10.1037/0022-006X.72.6.1114; PMid:15612857

Park, J. H., Enright, R. D., Essex, M. J., Zahn-Waxler, C., & Klatt, J. S. (2013). Forgiveness intervention for female South Korean adolescent aggressive victims. *Journal of Applied Developmental Psychology, 20*, 393–402. http://dx.doi.org/10.1016/j.appdev.2013.06.001

Reed, G., & Enright, R. D. (2006). The effects of forgiveness therapy on depression, anxiety, and post-traumatic stress for women after spousal emotional abuse. *Journal of Consulting and Clinical Psychology*, *74*, 920–929. http://dx.doi.org/10.1037/0022-006X. 74.5. 920; PMid:17032096

Ricciardi, E., Rota, G., Sani, L., Gentili, C., Gaglianese, A., Guazzelli, M., & Petrini, P. (2013). How the brain heals emotional wounds: The functional neuroanatomy of forgiveness. *Frontiers in Human Neuroscience*, 7, article 839, 1–9 (quotation is from page 1). doi: 10.3389/fnhum.2013.00839

Waltman, M. A., Russell, D. C., Coyle, C. T., Enright, R. D., Holter, A. C., & Swoboda, C. (2009). The effects of a forgiveness intervention on patients with coronary artery disease. *Psychology and Health*, *24*, 11–27. http://dx.doi.org/10.1080/08870440801975127; PMid: 20186637

Wilder, T. (1938/1957). *Our town: A play in three acts*. New York: Harper & Row.

Vitz, P. C., & Meade, J. (2011). Self-forgiveness in psychology and psychotherapy: A critique. *Journal of Religion and Health*, *50*, 248–259. doi: 10.1007/s10943-010-343-x.

Notes

Notes

Notes

國家圖書館出版品預行編目（CIP）資料

寬恕的勇氣：寬恕的八把金鑰／Robert Enright著；王千倖譯.
--初版. --新北市：心理, 2016.09
面；　公分.　--（心理治療系列；22157）
譯自 : 8 keys to forgiveness

ISBN 978-986-191-665-1（平裝）

1. 寬恕

176.56　　105016294

心理治療系列 22157

寬恕的勇氣：寬恕的八把金鑰

作　　者：Robert Enright
譯　　者：王千倖
執行編輯：陳文玲
總 編 輯：林敬堯
發 行 人：洪有義
出 版 者：心理出版社股份有限公司
地　　址：231 新北市新店區光明街 288 號 7 樓
電　　話：(02) 29150566
傳　　真：(02) 29152928
郵撥帳號：19293172　心理出版社股份有限公司
網　　址：http://www.psy.com.tw
電子信箱：psychoco@ms15.hinet.net
駐美代表：Lisa Wu（lisawu99@optonline.net）
排 版 者：龍虎電腦排版股份有限公司
印 刷 者：龍虎電腦排版股份有限公司
初版一刷：2016 年 9 月
I S B N：978-986-191-665-1
定　　價：新台幣 300 元